思想觀念的帶動者

文化現象的觀察者

本土經驗的整理者

生命故事的關懷者

土星
從新觀點看老惡魔

作者
麗茲・格林（Liz Greene）

譯者
胡因夢

推薦序
羅伯・漢（Robert Hand）

Saturn: A New Look at an Old Devil

目次

第六章　星盤比對　182

當代名家推薦

此書將行星與人生歷程做了一種連結，使人找到轉化自我的依歸。行星本身不好也不壞，它只是一種發展的過程。

——Bill Meridian

當這本書出現在市面時，占星學已經準備好要大躍進。麗茲為此開創了一條康莊大道。

——Gloria Star

無論是此書或麗茲的任何一本著作，都讓人看見了她奠基於榮格派精神分析的精闢洞見。

——Roy Gillett

《土星：從新觀點看老惡魔》為深度占星學的寫作立下了嚴格的標準。

——Paul Wright

我會推薦讀者閱讀麗茲・格林的任何一本書，但此書是她最精純的占星著作。

——Jane Ridder-Patrick

麗茲・格林在占星詮釋上的貢獻，就在於將心理占星學從靜態的性格描述，轉變成一種有生命力的、隱喻式的、充滿意像的描繪；此書的確是她的傑作。

——Nicholas Campion

如果不從新觀點去看土星這個老惡魔，我們又該怎麼辦呢？此書不愧為最經典的代表作。

——Penny Thornton

〔推薦序〕

二十世紀占星學的關鍵著作

中世紀占星文獻研究專家、著作等身的占星大師
羅伯・漢（Robwert Hand）

麗茲・格林的《土星：從新觀點看老惡魔》問世已經多年，其重要性及代表意義是難以估量的。在二十世紀占星學的推進上——也就是以占星學做爲自我開悟和自我實現的工具，本書具有關鍵性的貢獻，它是重要的一步。

傳統形式的占星學起源於中東地區的傳統，包括了古希臘、印度和中世紀占星學（以阿拉伯文和拉丁文流傳），它們似乎認定人一生中的基本大事和際遇若非全然命定，很大程度也是預先決定好的，受到斯多葛學派強烈影響的古希臘占星家，將這樣的傾向展現得淋漓盡致。下述馬尼利烏斯（Manilius）的詩句就是一個例證：

命運女神統治世界，萬事萬物各安其位。
漫長的季節其來有自。
我們誕生，我們死亡；結局取決於開場。

> 由此流動著財富與權勢，然而更多時候湧現的是貧困。技藝與性格被賦予了呼應天命降生之人，反之亦然。讚美，世間的聚合離散。
>
> ——馬尼利烏斯《天文學》（*Astronomica*）第四卷，14-19行。

中世紀的伊斯蘭教和基督教的占星學家，理論上給了自由意志更大的發揮空間，然而應用時並不明顯。再者，這三種傳統形式的占星學都主張有「好的」和「壞的」行星，後來我們稱之爲「吉星」和「凶星」，土星就是一個凶星。吉星「帶來」順遂的命運，凶星則造成坎坷的人生。

不過，即使在古代社會，依舊有異議之聲，不贊同誕生時刻決定了一切，以及行星有好壞之分的觀點（這本書花了很大心力去破解這樣的概念）。哲學家普羅提諾（**Plotinus, 205~270**）就在《九之書》（*Enneads*）中加以駁斥。他對於行星如何運行的描述，彷彿出自現代占星家的筆下：

> 我們不妨把星星想成是永久鐫刻在天空的文字，或是只鐫刻過一次，然而在執行指派給它們的其他任務時會隨之移動。其主要任務蘊含著意義的特質……
>
> ——《九之書》2.3.7

他在下述兩段文字中否定了好行星和壞行星的想法：

> 人們相信在軌道中運行的行星，實際上不僅孕育出貧窮、富裕、健康或生病等際遇，甚至決定了美與醜，更嚴重的是惡行與美德，以及這些特質衍生出來的行為；每一刻的善念或惡念展現出的明確作為。我們這是在假設星星會對人不高興，不過既然人類是由星星塑造成的模樣，肯定不會傷害他們。
>
> ——《九之書》2.3.1

> 〔行星〕……永遠保持安祥，它們因為享受的美善和眼前的景致而快樂，各自過著自由的生活，在自己的運行中發現自己的美善，這樣的運行不是朝向我們的。
>
> ——《九之書》2.3.3

柏拉圖學派的其他信徒追隨普羅提諾這方面的觀點，但是對於占星學的實際應用沒什麼影響。不過這些段落的確讓我們知道，即使在古代，有些人還是堅守哲學立場，不接受「傳統」的占星學見解。

在古代和中世紀的哲學家中，除了少數例外表達出類似的反對意見，宿命的觀點與吉星、凶星的想法主宰了占星學，直到二十世紀。在二十世紀和現代西方的占星學中，我們才看到這兩項立論被推翻了。

在麗茲‧格林的作品之前，已經有人朝這個方向邁步了，而且跨出了相當大的步伐。最值得注意的是已故的丹恩‧魯依爾（Dane Rudhyar, 1895~1985），以及他的追隨者。其實在上世紀之初艾倫‧里歐（Alan Leo, 1860~1917）的著作中，我們就看到占星學往這個方向移動了。但是在里歐的思想中，這股趨勢被厚厚一層神智學遮蓋住了，我們甚至可以說，在里歐的作品中，自我實現是他的神智學的核心部分，卻只是他占星學中附帶的一筆。你必須多多少少採納他的神智學信念和實務，才能運用占星學來追求自我實現。他的《奧祕占星學》（*Esoteric Astrology*），如同艾莉絲‧貝莉（Alice Bailey）後來的同名之作，大幅度改變、甚至是扭曲了古代占星學的象徵體系，以吻合其結果，而不是以古代的象徵體系爲基礎，加以拓展達到新的目的。

魯依爾是貝莉的學生，他跨出了下一步，根據其眞實原貌，忠實運用了古代占星學的象徵體系，來闡釋如何以占星學爲工具，追求自我實現。他的作品，如《人格占星學》（*Astrology of Personality*），結合了貝莉的洞見，以及其他擷取自佛洛伊德和榮格心理學的觀點，淸楚說明了占星學可以從中世紀用來預測人一生大事和外在際遇的傳統，轉變成揭露我們對靈魂內在歷程的了解。魯依爾探究了靈魂的內在歷程如何影響個人的一生，更重要的是，對這些歷程的了解如何帶給我們自由和命運的自決。他也全面攻擊了吉星和凶星的觀點。

我並無意剝奪魯依爾身爲作者的成就，以及他的作品的重要性。他的文字是晦澀、抽象，而且非常理論性的，雖然書的內容給人希望，要超越任何特定星象顯現的命運是可能的，但卻沒有提供任何具體方法來實踐。要等到下一世代的占星學家才開始著手完成這項任務，而麗茲・格林的《土星》一書在這方面有重要貢獻。

這本書的格式其實相當傳統，表面上看來是一本尋常的占星手冊，討論了土星在星座和宮位上的影響，以及跟其他行星形成的相位。我可以說這樣的編排方式並非原創，之前許多占星手冊都是這樣寫成的，然而這一點並不會減損麗茲・格林這本書的成就。事實上以這種多少是因襲傳統的書寫方式來組織材料，正是我們所需要的，以塡補魯迪雅有力卻抽象的描述所留下的缺口，滿足追尋者想要知道該拿自己的命盤如何是好的需求。

不過，我必須在這裡針對把行星落在宮位的象徵意義，等同於行星落在相應星座的象徵意義，提出一點小小的歧見。舉個例子，根據這套信念，土星落在白羊座和土星在第一宮位作用是相同的；土星在金牛座則等同於土星在第二宮位，以此類推。現代之前，較古老的占星學或許其哲學和靈性方面的意涵有限，然而它的象徵語彙是大量且豐富的。將星座等同於宮位只見於「人體占星學」這套體系（melothesia，把星座和宮位與人體的部位連結在一起，白羊座和第一宮位與頭部相關，金牛座和第二宮位與喉嚨相關等等）。星座和宮位是截然不同的象徵符號，作用大不相同。我相信以這種方式將兩者劃上等號，會混淆了這兩套大異其趣的象徵體系。

不過即使難以苟同，我不認爲這一點是《土星》一書的重大缺陷，因爲麗茲．格林在這本著作中強調的，顯然是宮位的位置勝過星座的位置，從這個目的來看，她的解說游刃有餘。即使是星座等同於宮位，星座位置的參考價値必然比較低，理由很簡單，土星落在一個星座的時間是兩年半，而大約每天有兩個小時待在一個宮位裡。行星的宮位位置具有更強的個人特色，而星座位置描述的則是在一段長時間內誕生的所有人。

將土星與星座、宮位和其他行星連結在一起的敘述方式，讓這本書有別於先前作品的「食譜」取向。並不是格林的解說更「精確」（如果我們眞能準確預測一個行星在每個位置中分毫不差的表現），重點是她所提供的說明拓展了個人控制自己人生的能力。呈現在讀者眼前的，不是對未來命運已然定影的處方，而是結合了各個象徵推衍出的寬廣論述，接著闡明意識層面與自我覺察的改變如何得以全面翻轉個人的星盤，將潛在的困厄轉化成發揮創造力，以及比較充實圓滿的經驗。她的解說不只是描述各種「樂觀」的可能性，忽略困厄的一面，而是闡釋一個人需要做些什麼，以完成創造性的改變。格林並沒有迴避，她描述了必須發生的領悟和必須執行的任務；全部都要求意識層面的改變和精進的自我覺察。下述的例子取自她對土星在第六宮位的描述：

如果一個人比較缺乏覺知，那麼土星就會讓他產生不滿足和憎惡感，因為它會令人意識到自己被環境禁錮……他無法體認這些例行工作的意義，因為他並不真的了解服務的定義是什麼。……奧祕教誨告訴我們說，服務本是一種內在的精神品質，而不是「把工作做好」就算了。……這種類型的服務乃是人格統合之後的結果，因為身體、感覺和心智一旦平衡了，這個人就會直覺地意識到內在的靈性目的和本質。……如果一個人能夠以有知有覺的方式，來表現土星落六宮的作用力，那麼服務就會是內在的平衡性的一種結果。

如先前所述，即使是中世紀的占星學也認知到，自由意志能夠改變星相的預示。不過這樣的信念主要是來自宗教原因。如果一個人沒有自由意志，選擇救贖的自由也不可能存在，故而讓上帝而不是個人，爲個人救贖的成敗負責。然而中世紀占星學家只是嘴巴上唱唱高調，這個概念並沒有促使他們教導世人，星相的影響如何因爲出於意志的行動而得到修正。甚至他們是否眞心相信事在人爲，也不是非常清楚。

《土星》引領了現代占星學的一大勝利，顯示出結合了接納、理解、意識到擁有選擇的能力，以及精進的覺察，就能形成變數，改變一個人經驗自己的命盤和人生的方式。我要告訴你的重點是，我堅決相信，而且我相信這本書也指出來了，那就是接近生命眞相的方式，或是意識可以清明到什麼樣的層次，並不是由星盤決定好了就不能改變的。我們自我覺察的潛能不是命定的！改變一個人的意識可能非常困難，因爲有時候家人、朋友、個人的文化背景等狀況，似乎都會形成阻力，但永遠是可能的。

選擇土星做爲這本書的主題的確高明。麗茲・格林接續針對其他行星寫了不少類似作品。不過土星是最佳的起始點，因爲對於占星學家來說，土星這顆行星恰好是表面上看來自由最受到限制，而且最宿命的。許多占星學家把土星看成是「業力」之星，而且賦予了西方人使用「業」這個字眼時約定俗成卻錯誤的意義，於是土星帶來了不可避免的命運，是過往或前世作爲的懲罰或獎賞。

透過足夠的智慧和了悟，即使是土星的能量都可以改變，因此我們也能用同樣角度來看待占星學的一切意涵。一個人不一定要走上純粹靈性的極端道路，放棄俗世的生活，拿起化緣鉢。格林以無數的例子闡釋了，如果我們以正確的瞭解來待人接物，我們隨時隨地都能經驗到小小的「開悟」。在傳統的占星學中，土星被稱爲「大凶星」（火星是小凶星），做爲傳統「凶星」中更糟的那一顆，土星清楚顯示了星盤中的所有象徵都可以轉化。

因此，麗茲・格林的《土星：從新觀點看老惡魔》成爲關鍵的著作之一，推動了二十世紀占星學的發展上最重要的貢獻，讓世人明白占星學並不是個人宿命的地圖，而是蘊藏潛能的地圖，展露出我們眞實且更高層次的自我。

〔譯者序〕

人性中的光明與黑暗

身心靈療癒課程講師、作家、譯者
胡因夢

翻開二〇一一年倫敦出版的占星雙月刊，你會發現從一月至四月的內文之中，有許多當代占星家揀選出來的最佳參考讀物，包括過去的幾年裡我爲讀者譯介的數本重要著作——阿若優的《占星・業力與轉化》、《占星、心理學與四元素》，蘇・湯普金的《當代占星研究》、《占星相位研究》，以及韓沁林翻譯我審訂的《占星十二宮位研究》——其中高居第一名最受歡迎的著作是《占星相位研究》，第三名則是麗茲・格林的這本《土星：從新觀點看老惡魔》。這兩位歐美最具代表性的女性占星家，分別創立了倫敦心理占星學院（格林）和倫敦占星學院（湯普金），培育出了無數的占星諮商人才，也提升了占星學的重要性及影響力。以一名譯者的角度來看，這兩位學者的觀察和洞見各有千秋，但是論及文才或是學術研究的深刻度，麗茲・格林顯然略勝一籌，特別是這本篇幅不多完全著眼於土星的專論著作。

凡是對占星學有一點認識的人，都知道土星是本命盤裡無法逃避的業力所在。它之所以被稱爲「業力之王」，乃是因爲它會在脈輪和能量體上面造成振動頻率變得遲緩，而導致拖延、停滯、疲乏和困頓的感覺，甚至會有一種「沒完沒了」的無奈感。土星不但會在本命盤裡帶來這些覺受，也會在流年行運上使人產生這種感覺。在重要關係人的星盤比對裡，它更會令涉及的雙方有一種討債和還債的感嘆。但誠如麗茲・格林出自肺腑的建言：土星不僅代表制約和紀律，同時也象徵著一種心理歷程；人們可以善用它來發展出更高的意識層次和人格的圓滿性。基於這個理由，她把土星描述成了人性裡的野獸與王子，黑暗與光明的兩極面向。

專攻神話學和榮格派精神分析的格林，在本書裡採取了心理占星學和奧秘占星學的觀點，從不同的層次來剖析土星爲其他行星帶來的影響，包括源自於潛意識底端的投射與過度彌補作用，裡面充斥著不安全感、自我懷疑傾向、自卑情結、死要面子與好強的防禦心態，還有一種渴望透過辛勤的努力和長時間的功夫，來證實自己是值得被肯定的權威慾。同時土星還會帶來一種深奧難解的罪咎感，以及嚴肅的責任意識，好像內心深處有一股驅力，迫使自己在土星落入的星座和宮位所代表的面向和領域裡，以烈士般的自苦方式來還債。至於這筆債是如何欠下的，大部分的占星家，包括格林在內，都認爲可能是源自於過去世的嚴苛作風和乏愛傾向，也可能是付出得不夠和逃避傾向使然。

從新觀點看土星這個老惡魔，意味著必須跳脫好壞、吉凶的兩元性觀點，深入地體悟土星造成的挫敗及痛苦背後的價值和意義——人類必須透過自我發現來拓展自由意志，而且除非事情變得非常痛苦和毫無選擇，否則人們是不會想要探索自己的。

太陽落處女座的格林以精密的分析、辨識及隱諷，詳盡地闡述了土星落在各個星座及宮位、與其他行星形成的相位、在星盤比對裡的相位，所代表的深刻心理意涵，同時她也指出了轉化心理習性和業力的方式。

我個人的本命盤裡被十二宮的土星波及的行星頗多，包括上升點、太陽、金星、木星、海王星及冥王星，因此對土星的作用力知之甚詳。它的確是要求人苦修的Dweller at the Threshold，但同時它也承諾了生命最大的收穫與成長。

〔前言〕

勇敢面對野獸，讓它變身為瀟灑王子

在美女與野獸的故事裡，雖然那頭野獸是那麼醜陋和令人畏懼，但最後還是變成了瀟灑的王子，娶了故事裡的女英雄。這則故事給人一種熟悉且理應如此的感覺；童話故事經常會引發這類感受，因爲它描繪出了人類集體潛意識的價值觀。這些故事雖然顯得有點天眞，卻能激起人們的興趣，甚至帶給人一種熟悉感。它們因文化上的差異而呈現出不同的細節，但人物的性格以及劇情通常都很單純，因爲描繪的都是人內在的某些面向，以及他的主觀生命基礎。故事裡永遠有一位英雄和美麗的公主，還有愚笨的巨人和埋藏在地底的寶藏，而野獸通常象徵著瀟灑王子的陰影面。

這樣的悖論似乎是人生的一種顯著的現象，而且在神話、童話和宗教的主題裡，都可以發現到它；然而在現代占星學的觀點裡，這種二元對立的特質卻似乎滲透得不深。仍然有許多人習慣從截然好或壞的角度來看行星；即使我們容許些微的曖昧性，在非黑即白之中加入一點灰色，包容的程度仍然有限。我們在詮釋本命盤的時候，仍舊有許多屬於二次元的刻板觀念。同時我們還喜歡從社會道德觀的角度來詮釋本命盤，譬如把某張星盤判定爲誠實或不誠實、道德或不道德、正向或不正向。榮格曾經提到在基督教與起之前，邪惡並不盡然是邪惡，我們或許可以說當占星學基督教化了之後，象徵系統便喪失了隱微的悖論。占星學裡最被汙名化的就是土星，因爲人們只看到它野獸的一面，而不去考量它也有瀟灑王子的那一面；如果不從兩面來看它，通常無法說明它完整的意義，而且只能帶給人一種二次元的刻板價值觀。

土星象徵著一種心理的發展歷程，也代表某種類型的生命經驗和特質。人們可以善用它所帶來的痛苦、制約和紀律，發展出更高的意識和圓滿性。心理學已經證實人的精神裡面有一種動機或衝動，是朝著更圓滿更徹底的方向在發展的，這種圓滿狀態便是所謂的「更高的自我」。這並不意味那是一種完美的狀態，或是只表現出善的一面，它包含著一種完整性，裡面有各式各樣的人性，而且是以和諧的方式存在著。這種心理原型在世界各大宗教裡都可以發現，在民間傳說和童話故事裡也可以發現到它。土星象徵的發展歷程似乎和體悟精神上的完整性有關，它涉及到痛苦帶來的教育價值，以及內在和外在價值的差異性——我們從別人那裡得到的價值和內在發展出的價值是截然不同的。土星獸性的一面對個人的發展而言是必要的，因爲只有當我們有能力愛這個面向時，才可能從其中解脫出來，搖身一變成爲瀟灑的王子。

在傳統占星學裡土星是個邪惡的行星，即使是它的美德，也帶有一種自我控制、老練、節儉和謹慎的特質。它的缺點尤其令人不悅，因爲是透過恐懼在運作的。土星和三個外行星的魅力毫無關係，也不帶有個人行星的人性特質。在一般流行的觀念裡，它幾乎沒有任何幽默感，而且一向只會帶來侷限、挫折、辛勞和自我否定。即使是它光明的一面，也意味著必須藉由辛勤工作、從不嘲笑人類的罪行，來發展出一種自制力。土星落入的星座和宮位，會讓一個人覺得無法自在地表現自己，而且極可能在此遭遇到挫折或困難。由於土星帶來的痛苦經驗似乎和一個人本身的缺點或弱點無關，比較像是從外而來的惡運，所以才贏得了「業力之王」的封號。這種令人沮喪的封號一直伴隨著土星，雖然從古至今的教誨都告訴我們說，只有透過這個藏在門後的惡魔，才能發展出自知之明而逐漸獲得自由。

跟土星有關的挫敗經驗顯然是必要的，因爲它們在現實層面和心理上都有教育價值。不論我們採用的是心理學或奧祕教誨的說法，有一個基本事實是相同的：人類必須透過自我發現來發展出自由意志，而且除非事情變得非常痛苦和毫無選擇，否則人們不會想要探索自己。雖然有些占星家把土星看成是令人愉悅的夥伴，但是土星經驗的必要性，仍然未獲得全盤的認可。人們不願意承認這類經驗也可能是喜悅的。能夠享受箇中痛苦的人多半被視爲受虐狂；然而土星要促成的並不是享受痛苦，是心理上的解脫帶來的蓬勃生氣。這種狀態並不常被人發現，因爲鮮有幾人眞的體驗過它。

每個人都會經驗到不斷出現的拖延、失望、痛苦和恐懼，而這些都跟土星的影響有關；但很少有人能回答這些經驗的意義是什麼，如何才能善用它們做爲一種成長的機會，而不僅僅將其視爲培養自制力和耐性的手段。這類問題獲得的答案要不是完全無用的機運論，就是同樣無用的輪迴觀，意即過去的轉世經驗造成了現在的結果，或是新的週期循環的開始，所以最好咬緊牙關去承受種種的失望，而且要懷著信心，因爲這樣才能償還業債，找到解脫的道路。即使是那些贊同人仍然有自由意志的占星家，也很難在土星上面提供什麼建言；他們多半會要求人們保持平靜，抱持正向的態度。也許土星或是我們的靈魂眞正要我們做到的，就是像帕爾希發在迷人的古堡裡看見聖杯時所提出的問題。每一次的延遲、失望和恐懼，都可以讓我們進一步地洞察到神祕的心理機制，藉由這些經驗我們會逐漸認清人生的意義是什麼。

大部分的人都無法覺知內在正在進行的事情，這裡指的不只是壓抑下來的情緒而已。連佛洛伊德探索的都只是潛意識的外圍罷了。人不斷地根據自己的思想模式創造出他的世界，而他的現實就是他思想模式的外在表現。一個人遭遇到的經驗，往往是內在的創造力以一種神祕的方式吸引來的。雖然我們無法徹底了解內外之間的同時發生性，但我們都知道這是人生經常發生的事。每當一個人經驗到內在的成長時，我們就會發現他的外在情況跟著改變了。他並不是有意識地製造出這些情況；這些情況是由更大的靈魂或背後的演化驅力創造出來的。如果一個人不去努力擴張他的覺知範圍，以便理解這些經驗的本質，開始學著與它們合作，可能就會覺得自己是命運的受害者。他只有學著認識自己，了解特定的經驗乃是爲了發展出更完整的自我，才有可能得到眞正的自由。沒有任何一種作用力比挫折更能促使一個人探索自己，而這就是土星帶來的禮物。

大部分的人都還沒有發展出心物一元的顯化能力，人類演化至今一直在否定自己的經驗或存在。或者，這些經驗不但沒有被當成開發潛能的老師，反而在各大宗教裡被假定成表現原罪的怪獸。大部分的人都會把自造的經驗視爲外來的遭遇，而且是別人所導致的；如果是令人愉悅的情況，我們就會認爲是自己聰慧的頭腦創造出來的；若是罹患了疾病或是遭遇到某種意外，則會怪罪時運不濟、飲食不當或是細菌在作怪。這所有的際遇都是土星帶來的經驗，而且還會隨之出現一種孤獨感。這些經驗不但難以承受，也很難了解背後的意義或內在的價值是什麼。人們似乎只能從其中學到謹慎或現世的智慧。我們最痛恨的就是爲自己的行爲和命運負起責任，雖然人人都急於獲得自由。即使當人們願意承擔起責任時，也仍然帶有一種陰鬱的罪惡感，而這同樣是無用的態度。

只是一味地想改善眼前的問題，或是只從表面去了解問題發生的原因，都不可能讓問題消失，尤其是這些問題根本不是問題，是內在的靈魂企圖讓自己變得更平衡，發展出更完整的觀點。人類的無意識一直想變得完整與統合，而這會透過任何一種管道來達成。只有當人的顯意識認定的對與錯，和潛意識依循的道路相左時，痛苦才會出現，而這又會形成一種徒勞無益的感覺。有許多人都在跟自己做對，即使他們認爲自己很渴望某個東西，也會在美夢成眞的最後一刻將其摧毀。這種自我破壞傾向和罪惡感及恐懼有關，而這也是土星的表現方式之一。在這些罪惡感及恐懼的背後，埋藏著更有智慧更有意義的目的，但通常我們只能看到它破壞性的一面，因此土星才經常被形容成惡魔或撒旦（Satan）——這個名稱和Saturn的確很接近，如果再加上山羊的蹄和角，就會更神似一些。這種顯意識和潛意識、黑暗與光明的衝突，是非善非惡的；它本是成長必要的條件，因爲透過它自我才能逐漸整合，發展出更高層的意識。人在覺知的門檻下發現的二元對立性，往往會帶來極大的困擾，因爲我們很容易忘記在光中的東西都會投下暗影。上帝和撒旦不論是否眞的存在，都會變成人類內心裡的衝動，而且絕非表面上看到的那種模樣。

與土星做朋友的方法是很難輕易找到的，古代的煉金術所致力的就是這件事；因爲能煉成黃金的金屬就是土星主宰的鉛，而土星代表的基礎物質以及它所造成的具體實存感，也一向被視爲煉金師本身。現代心理學的發展與煉金之道已經漸行漸遠，雖然如此，心理學還是在試圖與土星做朋友，雖然它賦予了土星另外一個稱號。如果一個人夠堅持的話，是可能把鉛變成金的，到最後他會發現土星還是有幽默感的——當我們的精微度足以理解它的反諷時。

〔第一章〕

土星落入水象星座或宮位

在許多占星教科書裡，都可以找到土星落入各個星座及宮位的傳統解說，其中有的比較傾向於心理學的解釋，但大部分著重的還是土星爲物質層面或外在世界帶來的侷限和延宕。當然，這樣的解釋也是很合理的，因爲土星的確會阻礙到物質的流暢性和情緒上的舒適度。也有許多占星資料談到土星的相位帶來的效應，這些研究也都透過觀察、經驗和傳統獲得了證實。有關土星在物質形式上的表現，可以說是研究得最透徹的面向，而且會有更多的人藉由中點、泛音盤和醫藥占星學，進一步地探究下去；本書關切的比較是土星的內在意涵。

不過當然，土星落入的星座、宮位或相位是很難完全解釋清楚的，因爲我們必須把這些要素與太陽、月亮及上升點綜合起來觀察，同時還要觀察個案顯意識的表現，以及潛意識或直覺式的反應，還有他的各種行爲模式。如果從性格著眼的話，那麼這些與土星綜合起來的要素，往往會是一張星盤的脊柱。它們通常會以扼要的方式點出一個人的渴望（太陽）和需求（月亮），以及會以何種方式獲得這些東西（上升點），或者在他達成自己的慾望之後會不會滿意，還是會遭到挫敗（土星）。這樣的說法當然是過於簡化了，因爲光是月亮的意義，就得花上許多篇幅才能說清楚；不過我們還是能從這四種要素的關係，洞察到一張星盤所顯示出的朝向高層意識發展的掙扎情況。基本上沒有一張星盤是不包含土星在內的，不論其相位有多好，或者是否落在顯達的位置，而且沒有一個人的人生是無須掙扎奮鬥的。

奧祕教誨告訴我們說，物質次元不只是一個可以看到結果的面向，也是精微意識狀態中密度最高的。許多人以爲這些意識次元眞的是實存的空間，而從未以下面的方式描述過它們：意識次元指的是存在的狀態，或者可以說是覺知的狀態，而不是眞的有數個空間，讓這些不同的意識次元同時存在。對那些過度理性的人而言，這種概念似乎很難徹底領會，因爲裡面包含著一種悖論，而且必須藉由直觀來領悟，亦即必須看到此悖論中同時存在的兩個面向。其實這種意識次元的概念與心理學的發現並不矛盾，雖然採用的學術名相有所不同。那些循求靈修路線的人往往認爲奧祕教誨裡的靈魂、靈性或開悟之類的名相，感覺上比較舒服，而那些依循心理學路徑的人，則比較能接受意識和無意識、壓抑和高峰經驗，或是徹底整合的自我，而非全子（MONAD）之類的講法。其實不論你採用什麼名相，所謂的肉體、情感本質、心智及直覺，在根本上就等同於物質層、星光層、心智層以及靈性層面。

沒有任何事件或現實情況不是起源於概念、強烈的情緒和外顯的行為。在經驗的這三種意識狀態之外，還存在著與整體現象有關的深度內涵，而且只能靠直觀來覺知到它。情感世界埋藏於外在事件的底端，而水象星座和宮位感興趣的就是這個世界。星光層象徵的是人性中的感覺本質以及想要達成的願望，而一個人的星光體——感覺本質——往往是他的外在事件的肇因所在，但他卻很難意識到這種本質裡的威力，特別是事件發生時的注意力多半是放在外面的行為，而非慾望的本質上頭。只要某件事進行得不順利，一般人就會說服自己對這件事並沒有想要完成的慾望；結果是慾望的力量反倒增強了，因為它們被推回無意識裡了。然後這些慾望又會從潛意識底端迫使一個人採取某種行動，或是吸引來某種疾病以及他所不了解的行為模式，而造成了對他的傷害，但看起來好像傷害是源自別處。心靈能量就像肉體的能量一樣是無法被摧毀的；事實上這兩股能量並沒有什麼差異，只不過是從不同的管道表現出來罷了。土星落在水象星座或宮位代表的就是情感層面的阻礙，而且通常會藉由身體或某個事件，將這股受阻的精神能量釋放出來。

有關意識次元或意識狀態的概念，雖然不為我們的頭腦所熟知，但仍然能幫助我們深入了解土星所要求的責任是什麼。由於大部分的人在情感層面的反應是兩極化的，而且絕大部分的人都是被慾望所驅使，因此格外需要了解土星落在水元素的法則。不過當然，一般人很難輕易地接受占星諮商所建議的：痛苦本是生命的成長和演化必要的部分；這種說法很難幫助一個人克服自己的私人問題，況且他也不會認爲在地球的生命經驗，是爲了進入更高層次的意識，而個人的掙扎與集體的奮鬥息息相關。他只想知道他的妻子爲什麼會離開他，他爲什麼會得關節炎，或者他的事業爲什麼會垮台。但是他如果認清除了他能微弱地覺知到的自己之外，還有很大一部分是他所不了解的，而且還能跟那些部分和解，那麼他就能把背後的恐懼釋放，接受眼前的經驗對成長而言是必要和正向的。如此一來他就能防止問題再度出現，並且能找到生命的意義和目的，甚至可能發現自己的妻子竟然回頭了。

土星有一個面向埋藏著最重要的意義，是許多人沒有注意到的——它有一種僞裝傾向，最佳的象徵就是埃及神話裡的奧賽里斯。爲了逃脫賽特的天譴，奧賽里斯先是把自己變成了一條海蛇，然後又幻化成一隻鱷魚——摩羯座最初始的獸形象徵——爲的是避免被發現。我們會察覺摩羯座的象徵符號早先是一個下半身呈海怪尾巴的形象。這隻山羊的天然棲息地雖然是寸草不生的山坡，或是山頂上的懸崖峭壁，但必要時它也可以在情感世界的大海中浮泳，或者有效地將自己僞裝成其他生物。它的這種刻意形成的雙面性，不同於一般變動星座天生就具足的伸縮性和二元性。羅馬神話裡的地獄門神雅努斯，是象徵摩羯座的神祇之一，他有兩個頭，代表的是摩羯座所管轄的一月份——他的兩個頭可以朝前看，也可以轉向後方，據說這是爲了守護人的來處和去處，同時也因爲他眞的有兩副面孔。

沒有任何一個星座像摩羯座一樣，是由兩個截然不同的符號所代表的。這個觀點也許看起來微不足道，但凡是熟悉奧祕教誨或深層心理學的人，都會發現這個現象並不是一種巧合。

我們應該很熟悉受摩羯座強烈影響的人與生俱來的一種特質，那就是爲了達成目的而合理化自己的手段，以及心甘情願地臣服於某種侷限一段時間，如果這麼做能幫助他達成野心的話。雖然如此，占星家通常不認爲魔羯座是一個有欺騙傾向的星座，它既不像雙魚座的捉摸不定那麼不可靠，也不像雙子座喜歡用智力把人逼入死角，然後又找個出口來脫身，更不像天蠍座那樣釋放出一連串的錯誤線索，來掩飾自己的脆弱易感。我們必須仔細地審視，才會發現我們這個辛勤工作、自制力極強的摩羯座，比任何一個星座都更傾向於過度彌補。有許多的星座和行星都會像變色龍一樣地改變顏色：包括所有的變動星座、巨蟹座、月亮、海王星和水星。這些星座或行星之所以喜歡變動和改變，是因爲它們本質上就有這種傾向，不論情況是否要求它們這樣去反應。只有土星才會算計自己該如何進行防衛，如同一個能幹的辯護律師一樣，不斷地思考該如何保護自己以免受到外來的攻擊，或是保護自己以免意識到和發現自己的眞相。這兩種情況都是由摩羯人自己發動的防衛機制。

到底土星會讓一個人煉鉛成金，還是會卡在中間的階段，就看此人的意志力和自知之明的程度了。土星在本命盤中的星座位置，可以解讀成上述任何一種情況，也可能兩種情況都顯現出來，而土星和其他行星的相位，也可能引出兩種矛盾的表現模式。佛洛伊德把這種狀態描述成自相矛盾的情感；他是第一個提出愛恨交織觀念的人，而這兩種情感很可能同時存在。你絕不能從表面的現象去了解土星；凡是有光的地方，一定會有陰影。了解土星與生俱來的二元性，以及這種二元性的必要和價值，往往能減輕掙扎奮鬥之中的痛苦。

巨蟹座、天蠍座和雙魚座以及它們的相關宮位——四宮、八宮和十二宮——都和情感以及埋藏在意識底端的動機直接相關。土星落在這些水象星座或宮位是極難捉摸的，因為大部分的人鮮少能覺察到行為背後或潛意識裡的情感挫折；他只知道自己很孤立，情緒上很脆弱罷了。土星落在這些水象星座和宮位最容易使人產生痛苦的情緒，促使一個人躺在心理治療師的沙發上，因此我們必須對其發展出一種客觀的洞見，來幫助人們走出情感的迷宮。

土星落入巨蟹座或四宮

第四宮與巨蟹座和月亮相關，代表的是童年、家庭以及一個人的根源。位於星盤底端的四宮，象徵的是一個人的生命基礎——原生家庭——以及內在的安全感。這個宮位描繪出了人的情感和情緒氛圍，而且是成年後才有能力以理性做出決定，看看自己是否該接受它們。這個宮位與榮格所說的個人潛意識有關，也跟早年環境的制約所形成的本能反應有關。

由於這個宮位和辨識力尚未發展之前受到的影響有關，所以任何一個行星落在此宮都值得高度存疑，因爲它指出了我們首先應該探究的心理議題，而且是必須帶到表面，才能及早以建設性的方式加以處理的。這個宮位帶來的能量就像是一條埋藏在地底下的激流，它會跟太陽以及上升點的影響力形成一個人成年後的人格，而且這條激流的能量會暗中左右一個人的行爲。這是一個純屬個人性的宮位，似乎與集體無意識裡的情緒激流扯不上什麼關係。由於它是如此地個人化，所以很難以清晰不偏頗的眼光來進行觀察。

第四宮一般被認爲是代表父親以及與個案的關係的宮位，不過當然，這一點還是有爭議的。目前唯一能釐清困惑的說法是，四宮與十宮都可能代表雙親。某種程度上，哪個宮位代表父母的哪一方其實並不重要，因爲只要他們其中的一位出了問題，必定會製造出另一方的問題；根據個人的經驗，我比較傾向於把四宮看成代表父親的宮位，因爲是他建立了一個家庭的脊柱，讓家人都冠上他的姓氏，而且他的存不存在，往往決定了一個孩子的早期生活是否安全穩定。小孩很少會失去母親，除非母親過世了；每當婚姻失敗或者根本不存在婚姻的形式時，通常會離開或無法提供支持的多半是父親。破碎的家庭或是困難重重的家庭背景，都和呈困難相位的行星落在四宮或落在巨蟹座有關。

土星落入象徵無意識裡的情感的宮位或星座，都是相當艱辛的土星位置，因爲其中的意涵很難捉摸淸楚。土星無論是落在巨蟹座或四宮，都代表冷漠、限制、分離、孤立、父母缺乏愛，或是早期的家庭生活缺乏同情。這種情況也可能外顯成父親早逝、父母離異，或者父親被情況所逼，大部分時間都不在家。孤立的感覺也可能源自於父親雖然在身邊，卻無法提供愛、同情或情感上的支持——或者他雖然很有愛心，卻因爲酗酒、生病、性格軟弱，或是因爲某種情緒模式而破壞了家庭的和諧，帶給家人沉重的負擔和失望。也可能因爲家人過度重視物質面向，而忽略了情感的表達。

土星落四宮也可能以各種方式顯現於物質層面上。不論外在的表現是什麼，土星造成的內在反應都是相同的；孩子的人格發展所需的保護和安全感，往往遭到了否定或挫敗，而家族成員的和諧性以及對家族傳承的認同，也受到了阻礙。

我們不需要再進一步推演就能發現，這種情況會在無意識裡癱瘓掉一個人某部分的情感，如果他不加以了解的話。這種人通常會顯現出對情感的親密性的不信賴，特別是涉及到家居生活的情況；但同時他又渴望生活裡能有某些安全、永恆和具體的東西。同時能察覺自己的兩極面向的人是很罕見的；通常一個人只能看到其中的一面。因此他若不是過度執著於原生家庭或出生地，就是憎恨原生家庭，對其展現出一種冷淡抽離的態度。其實這類人並不是眞的漠視一切，只因他的情感歷程中有某個部分不見了，所以整個精神結構必須以偏頗的方式來發展，以彌補早期的損失。

土星落四宮的人情緒通常很不穩定，並且有一種明確的不被愛、不被渴望的感覺。當然，這種感覺可能並沒有被完全意識到，但無論怎樣它都會顯現出來，被那些覺察力較強的人意識到。而且，這類人也往往會憎惡男性，因爲父親通常是孩子第一個遇見的男人或陽性象徵。當然，這又會破壞一個男人對自己陽性面的了解，也會破壞一個女人對男人以及她的另一面的了解。要是一個人的父親眞的不見了，那麼上述的傾向就會更明顯；因爲這麼一來，此人的母親就必須扮演雙親的角色，其結果是，不論是否能扮演這兩種角色，她都得變成一個具有操控性的權威人物。即使父親沒有消失，但顯得軟弱無能，同樣的情況也會發生。這種童年情感經驗，也會嚴重地影響成年之後在物質層面的表現，因爲第四宮的宮頭也是四交點的一個交點。

土星落四宮同時也會讓一個人渴望擁有許多土地，這代表情緒層面的安全渴求，化約成了物質層面的現實——這是土星經常會造成的轉換作用。但是這種轉換作用往往會失敗，因爲物質是無法滿足情感需求的。對於背負這種情緒重擔的人來說，土星代表的是較爲堅固和不會改變的東西，譬如像房子，它不會因爲親人死了或消失了，而讓人失去支撐。這種未經檢視的情感價值觀一旦結晶化，就會隨著一個人的老化和固著化，逐漸導致所謂的「孤獨的晚年」。

所以從上述的現象可以很明顯地看出，土星落入四宮往往會以隱形的鐵腕來掌控一個人的生命，暗中破壞自我價值感，不允許別人和他親近。土星落在巨蟹座，這種傾向會比較弱一些，因爲它對宮位的影響似乎大過於星座。若想善用土星的能量，就必須了解這類位置的土星的深層意涵是什麼。

藉由否定外在環境中的某個部分，土星會迫使一個人創造出內在喪失的那個部分，如果他想要活得平安的話。他必須逐漸降低對外界的某種價值的認同，因此土星落在四宮往往能提供一個機會，讓此人建構內心眞正的安全感和自我接納能力，這份能力是奠基於對存在源頭的體悟。這種堅固的內在精神結構，是不會被外界的情況摧毀或動搖的；這跟從有愛心的父母那兒得到愛和支持不太一樣，因爲後者會造成一個人成年後在情感上依賴他人——巨蟹座最糟的一面——這股內在力量會變成靈魂無法被摧毀的財產。

屬於情感層面的安全感是極爲罕見的，大部分的人都是因爲童年缺乏安全感而導致了心靈創傷，而且大部分人也都仰賴所愛之人不斷提供他們安全感。只有土星落四宮的人才有可能靠自己發展出這份安全感，因爲他被逼著必須這麼做。選擇這類經驗的人或多或少得信賴內在的指引或智慧，缺少了這層信賴，是不可能了解經驗背後的意義的。土星一向會驅使一個人去理解他痛苦的本質，土星落四宮的人必須了解的是，表面上他雖然不關切家庭或者與家有關的事，其實他內心是脆弱易感且仍然有情感的需求。他必須接受童年經驗乃是達成某種目的之正向手段，而且是値得以痛苦和努力來換取的，因爲痛苦起初就是源自於對他人的依賴。這類人必須認淸和鼓勵自己去體驗感情的世界。對男人而言，這類經驗顯得格外辛苦，因此土星落入四宮在男人的星盤裡是比較危險的位置；如果這樣的男人願意花時間潛入自己的情感深處，如同神話裡的英雄進入地府一般，或許就能展現出罕見的安祥與統合，這份統合性乃是源自於陰陽兩面的平衡。

土星落入天蠍座或八宮

從牡羊座演化到雙魚座的過程，象徵的是一個人的成長歷程，許多資料都描述過這件事。屬於同一種元素的三個星座，也象徵著相似的成長歷程。我們這裡要探討的是這三個階段的意識發展。同一種元素的第一個星座或宮位，通常是最容易直接詮釋淸楚的，因爲它跟一個人的人格發展及統合有關。第二個星座代表的則是某個危機點，在此個人必須將他的經驗整合到他所屬的團體裡面，而這是鮮少不需要掙扎奮鬥的。這個階段是把個人意識擴張成宇宙意識的中段。第三個或最後一個星座及宮位，代表的則是更大的整體以及特定的意識層次最終的目標。

在第四宮的階段裡，人首度以一介孤立個體的身分，遭遇到外在的情感力量和壓力，而模塑出他未來的人格雛形。他在此有機會奠定一種內心的基礎，讓他把向外投射出去的東西收回來，逐漸發展出情感層面的內在安全感。在第八宮的階段裡，則必須把自己的情感當成與他人建立親密關係的管道。最後在第十二宮的階段裡，他終於可以把經驗換來的智慧提供給團體，讓團體也得到成長。這時他再也不是孤立的個體了，因爲他已經成了演化中的集體的一部分。當我們在考量土星落入第八宮的意涵時，上述的觀點可以帶來一些幫助，因爲八宮可能是最被誤解和汙名化的宮位。

八宮要不是被描述成代表肉體死亡的宮位——意味著它除了在靈魂脫殼的那一瞬間的活動之外，就沒什麼價值了——就是被描述成「從他人那裡得到的金錢」的宮位。這種描述方式對於和八宮相關的複雜有力的星座及行星（譯註：天蠍座與冥王星），簡直是一種侮辱。雖然這兩種詮釋方式都有效，卻無法幫助我們了解土星落入八宮所代表的死亡，以及對祖先傳承的否定之外的意義；連上面這兩種解釋方式也經常被誤解。兩人之間的金錢互惠或許是這個宮位的副產品之一，但只有了解了金錢也象徵著情感的價值，才能領會「從他人那裡得到的金錢」更複雜的意涵。死亡的確歸第八宮管轄，但死亡的類型有許多種，而且大部分不屬於物質次元；況且每種死亡勢必會有重生，因爲死掉的永遠是外在形式而非生命本身。

身爲水象宮位的第八宮，主要是跟情感的交流有關。與它對立的第二宮，代表的是構成穩定性及自我養分的物質資源的價值和意義，而第八宮則代表構成情緒的穩定性的情感價值。透過第八個星座，天蠍座，我們或許可以找到與八宮相關的意義，這包括性、情感危機、原慾的死亡和再生，也就是慾望的淨化。

第八宮主要是一個代表危機的宮位，而且跟人生中的情感關係相連，而這會迫使一個人必須認清、檢視和淨化自己情感本質裡的某些關鍵部分。在這個宮位裡，金錢成了象徵情感依賴性或自由度的一種東西，因爲在我們的社會裡，錢是能夠買到自由的，同時也能帶來婚姻的結合，而我們的性價值觀，也有很大一部分是被經濟情況所左右。因此，第八宮裡的掙扎表面上看來是純物質性的，其實根源是情感。難怪佛洛伊德會那麼重視夢境中的金錢議題，也難怪心理學不斷地發現金錢和情感上的慷慨或吝嗇有關。

八宮裡有困難相位的人往往會有經濟上面的困境，而且會連帶出現破碎的婚姻，或是長期被事業夥伴在金錢上佔便宜。這是土星落八宮特別容易出現的問題。如果深入探索的話，你會發現這類人在性和情感層面，也有表達上面的困難，而對於伴侶的性冷感反應最佳的報復，莫過於藉著金錢上面的要求，來表達自己的失望和挫敗了。

這項討論會把我們帶入一種被刺傷的感覺，這是天蠍座和第八宮經常會有的感受；前面的那些話也許聽起來很難接受，但事實上我們這個社會裡的妓女，至少還對自己販賣的東西抱持誠實的態度，其結果卻是鋃鐺入獄或是被鄙視，而妻子們扮演的也是相同的角色，一種以身體換取安全保障的傳統角色，卻被社會所美化和讚揚。原因是社會縱容這樣的假面具。許多女人都以自己的性來換取法定的婚姻關係，以獲得經濟上的安全保障。許多男人也用錢來換取所謂的「丈夫的權利」。

還有許多的瓦礫碎片需要挖掘出來，才能認清我們對性和金錢的關係的態度，因爲目前我們仍舊在依循封建式的家族經濟結構。若是沒有某些演化較高的人所付出的努力，我們可能還得經歷好幾個世代，才能了解性的本質和物質世界是毫無關係的；它根本上是情感和心智能量的反射——反映出了一個更複雜的能量系統。對一般人而言，金錢和性的議題仍然顯得太複雜了些，其結果是我們還得釐清許許多多的困惑，才會明白兩個人如何能達成煉金之旅的合一境界。

三個水象星座和宮位代表的是人的情感本質的三個面向。第四宮象徵的是模塑一個人早年生活的滋養力量。第八宮象徵的是一個人行使出來的創造力和生殖驅力，而且會藉由這些驅力來接觸別人。第十二宮象徵的則是一股逐漸瓦解界分感、促使一個人融入集體的耗散力。

第八宮是一個戰場，它主要的目的是藉由不斷產生的危機，來發展出自知之明和自我控制的能力。沒有任何一種能量比性行爲更容易促成戰爭或危機了。在情感本質的層次上所產生的合一性，會製造出一股強烈的能量，讓一個人短暫地「脫離自我」。這是唯一能夠讓自己與他人合一的時刻。這種親密的融合狀態就是第八宮所代表的「性」；其中存在著個人意識的死亡以及合一意識的誕生，所以伊莉莎白一世時代的人才會把性稱爲「小死」。不幸的是，許多人不但害怕死亡本身，也害怕性所帶來的脆弱易感。這些人沒有弄明白的是，不論你能否意識到它，這種合一性一定會發生，而且在情感的層面上，我們根本不可能把伴侶阻隔於外。

思考這些觀點的目的，乃是爲了認清性行爲之中涉及的責任，而這是跟道德毫無關係的。我們已經擁有好幾個世紀傳承下來的道德訓誡，但它們完全沒有幫助我們了解性這個謎團眞正的本質。這股巨大的創造力或是所謂「蛇的力量」——我們可以把伊甸園裡的那條蛇，煉金術裡的自吃自生蛇（Ourobouros），以及阿茲特克人（Aztecs）信奉的羽翼蛇，視爲彼此的表兄弟——也可能以其他的方式釋放出來，但這是玄學家及魔法師關切的議題，一般人只知道性在肉體層面的表現。這股能量一旦運作起來，往往會把兩個人的靈魂綁在一起，而且會得到精神性轉化。凡涉及到人格「死亡」的意識狀態——

包括由藥物、宗教的狂喜以及出神狀態所引發的——都是由第八宮所主宰，因爲它們代表的都是同一種能夠擺脫肉體束縛的能量。肉體的死亡只是一切死亡再生之中的一種狀態。

目前我們對性和死亡的了解都很有限，這種無知多少和雙魚時代造成的困惑有關，因爲這個時代把性看成了一種邪惡的事，而死亡則是通往無垠的天堂或地獄的門檻。這樣的觀念是深入人心的，因爲它已經伴隨我們兩千多年了，即使是非常開放、富有科學精神的人，在集體潛意識的層次上，也還是對這個領域的經驗懷有某種恐懼、迷信和執著。土星落八宮的人背負著雙重的重擔，因爲他不但得學會與土星和解——它本身已經很難被了解了——還得降到冥王的地府裡，如果他眞的想發現其中的珍寶。曾經有人說過，而且不是一種毫無根據的說法，一個人若是完成了土星在八宮的功課，就等於擁有了進入不朽境界的鑰匙。

許多土星落天蠍座或第八宮的個案，都有性表現上面的不自在感和恐懼。這無疑地象徵著一種更深的恐懼。即使是表層的恐懼本身，也足以爲一個人的人生製造巨大的痛苦。面臨這類情況的人，一般很難接受占星諮商師直接地指出這一點。人們仍然和維多利亞時代的人一樣，對公然談論性這件事有點過敏。此外，這類人的不自在感並不屬於生理層次，那是一種情感層面的問題，因爲八宮是一個水象而非土象宮位。土星落八宮往往和性冷感及性無能有關，而這通常不是生理上的問題，醫生如果試圖用荷爾蒙來治療這種問題，會犯下很大的錯誤。這個問題的背後其實是害怕臣服、被冒犯、被伴侶掌控，還有一種對眞實情感的排拒，因爲會造成威脅的是精神上的融合而不是身體的交會。

你時常會發現土星落八宮的人也可能很有愛心，但是在臥房裡當最後的防線被突破時，卻會像一匹受驚的馬一樣敗下陣來。他也可能以過度彌補的方式來掩飾內心的恐懼，試圖在純肉體的層次上變成一個「完美的愛人」。此外，他也會試圖防堵能量和情感流向他的伴侶，而無意識地顯現出心不在焉的樣子。這種機制作用不論多麼隱微，都會讓他的伴侶深深地感到挫敗和困惑，雖然兩人並不能完全意識到這是源自於什麼心態。土星落八宮的這一方也許並未察覺事情有何不對，他只是經常覺得失望，好像永遠也無法達成自己幻想中的那種滿足感。若想直截了當地面對土星落八宮所造成的隱微模式，就必須有某種程度的誠實，因爲除了內在的恐懼之外，還有一種在性能力上面的過度彌補作用。難怪這類人會在婚姻中或婚姻結束後面臨到金錢方面的問題；他們很容易發現自己必須背負經濟上的責任義務，同時也得背負他們的伴侶在性上面的挫敗感。

所有的土星位置都可能造成兩種極端的行爲模式。過度彌補的作用力很可能製造出極端混亂的性關係，但這並不是源自於追求性享樂的動機，反而是很努力地想變成一個性感的人，因爲他沒有察覺問題是起源於和另一個人的情感連結障礙。在八宮的生命領域裡，土星又再一次不成功地試圖將情感價值變成現實價值。這一類的放縱行爲現在十分普遍，因爲大家都把重點放在性的自由度上面，這是因爲過去被管束得太嚴格的反彈。兩種極端的反應模式都是演化的自然過程，但由於其中瀰漫著一種恐懼，所以並不是令人愉悅的能量。

當占星師在詮釋和八宮有關的議題時，最好能採用比較善巧的方式來表達，否則很可能被飽以老拳。這個土星的位置令我們聯想起莎士比亞的名言；「我認爲你辯解得太過份了！」而這也能反映出土星落四宮的人經常會說的：「我太愛我的家人了！」「我的童年生活眞是美好！」「我跟父母完全沒有問題！」。

另一方面，土星落八宮的人也可能用堅強的宗教信仰或道德觀，來掩飾自己的恐懼。如此一來，就等於在宣告自己是有罪的。在這種情況下，土星往往會促使一個人以錯誤的理由選擇禁慾生活。然而很不幸的是，魔鬼不可能因爲你命令他離開而被打敗；他不能忍受的只有覺知之光。

我們也很難發現有人能誠實地認淸自己的某些部分確實需要成長——每個人都一樣——而努力地發展出自制力，並且去理解自己的性本質，同時以最正向的方式將其表現出來。土星落八宮的人大部分對死亡和性都很執迷，同時又存在著一種恐懼和厭惡感。

土星落八宮的人似乎有一種性格模式，會招惹來情感層面的失望，而且會以最痛苦和最親密的方式呈現出來；在此模式裡我們會發現這個位置的土星更深的目的。這類人在童年時經常有情感上的被拒絕經驗，由於土星和父親有關，所以他們的父親不是早逝，就是情感反應冷淡。這類人多半生長在一個缺乏身體接觸的環境裡，或者父母之間有性的障礙，所以家庭氛圍充滿著敵意和恐懼。他們會隱約地把父親和性能量連結在一起，而他們的父親也經常會體罰或攻擊他們。不論眞實的情況是什麼，這都會造成一種孤立或孤獨的感覺，而且會認爲這些感覺無法與他人分享，內心的創傷也很難減輕。土星落八宮所承載的創傷，比任何一個土星的位置都來得沉重，癒合的速度也相當緩慢。

土星落八宮的人在情感上的孤立感比落四宮的人更強烈，因爲這種情感的需求會投射到他人身上。這類人尋求的是與伴侶的合一性而非得到安全感，這種合一性必須是強烈和帶有轉化作用的。他們會覺得藉由別人才能獲得重生，意識到自己的靈性本質。當然，土星落八宮的功課，就是要一個人靠自己來達成靈魂的轉化和救贖。對無意識的認識和掌控能力，必須是來自於他們自己的內在力量。這類人也會對玄學或頭腦深處的東西感興趣，若是能善用這股興趣，認淸創造力的眞實本質，他們就能變成一個眞正的魔法師。無意識裡的力量和奧祕就在他們的內心裡，而且這股力量眞的能療癒自己和他人。

土星落入雙魚座或十二宮

第十二宮是位於代表外在行爲的上升點之前的宮位，它同時象徵著結束與開始。它之所以代表一種結尾，是因爲土星落此宮的人必須犧牲掉帶有界分性的人格，把自己奉獻給別人。從更深的觀點來看，它代表的是另一個開端，因爲從過去世帶來的果報，會從童年開始在潛意識裡運作，吸引來一些情況讓這類人擺脫掉自我，爲集體意識的進化大死再生。《可蘭經》曾經提到生命是從水中誕生的，而十二宮與雙魚座及海王星有關，代表的是一個無區別性以及無個人性的次元。所有的生命都是從這個源頭誕生出來的，當人們領會了生命的終極智慧之後，仍然得返回到這個源頭。撇開奧祕占星學的解釋，十二宮代表的通常是孤立、臣服於更大的力量，以及消溶掉個人的人格。

第十二宮通常被稱爲業力宮位，這個概念是源自於行星落此宮，某種程度上會否定這個行星一貫的表現方式，而且會變成一種潛意識裡的驅力。十二宮也經常被稱爲自我毀滅的宮位，因爲此處的能量非常活躍的人，往往會感受到孤立、幽閉、無助和受到束縛，而這通常是由他自己的行爲吸引來的情況。不論你考不考慮這個人的漫長歷史，結論都是自我經歷了前面十一個宮位和星座的努力，最後必須把自己放在祭台上，變成把能量和智慧貢獻給群體的一股作用力。對於那些拒絕認清這項事實的人而言，十二宮代表的很可能是醫院或監獄，因爲一個人唯有喪失了自己的力量，才會發現除了與其他衆生連結之外，他什麼也不是。

此宮的功課一向是艱難的，除非你能爲衆生服務，把自己奉獻出來。以這種方式來釋放十二宮裡的能量，比較能減輕箇中的挫敗感和孤獨感，讓自己做出的犧牲奉獻比較容易承受一些。長久以來仔細建構的意志力，會在十二宮裡完全喪失掉，這當然會帶來巨大的痛苦，而且對那些完全認同個人慾望的人來說，往往會是很大的打擊。但喪失意志乃是所有落在十二宮的行星必須付出的代價，雖然換來的是內在眞正的祥和。

身爲最後一個水象星座，雙魚座象徵的是一種完成和情感掙扎最終的滿足——不是和另一個人，是跟生命本身合一了。這是一種聖婚，但是就一般以自我爲中心的人而言，卻是最難面對的一件事。這個星座不需要任何奮鬥；它只要求你默從和奉獻。我們幾乎無法從純現實的角度賦予十二宮任何意義，這種情況更甚於第八宮，因爲它是一個不帶有物質性的宮位，而且會讓一個人更接近主觀的內在實相。任何一個落在十二宮裡的行星，都必須臣服於一股消溶和轉化的力量，而這會障蔽住這個行星的個人性表現，迫使它把能量轉向內在和高層意識。這種情況會像懷胎生子一樣祕密地進行。只有當這個歷程完成了，此人的這個刻面才會像新生兒一般向外嶄露頭角；屆時這個行星的能量已經完全轉化了。

就人格而言，土星落在十二宮比落雙魚座更難以面對，因為土星的能量主要在於自我保護和防衛，而它在十二宮裡的作用力是完全無效的。最極端的情況是藉由被監禁和住進醫院一段時間，來認清個人意志根本無法對抗過往造作的因果。這個土星的位置經常令人產生無助感，以及必須臣服於某種更大的力量的感嘆，雖然這種感受是發生在非常主觀的層次上。十二宮是一個和意識狀態有關的終止宮，土星落在這裡會助長一種模糊的恐懼，好像某個人或某種東西，一種神祕的宿命，將會摧毀或掌控自己似的。它會造成自我孤立狀態，讓一個人斷絕和外在的接觸，同時又有一種沉重的孤獨和無力感。

土星落在十二宮也跟犧牲自己的物質野心有關，同時也代表必須為重病或無助的雙親奉獻生命，因而阻礙了自己的發展。其實他們根本不需要這麼做——他們永遠可以選擇別的出路——但由於這類人的內心有一種強烈的罪咎感和責任意識，以及本能地知道必須做出某種犧牲或還債，所以才會做這樣的選擇。這又會反映出一種對外在現實的恐懼，還有一種無能處理現實事物的感覺。

這個土星的位置會帶來強烈但籠統的罪咎感，而這或許會令一個人藉由獨處來贖罪，甚至真的出家當和尚或尼姑。它也可能顯現成被監禁的情況，雖然當事人並不認為自己必須以這種方式來還債。這類人也可能藉由藥物、酒精或精神失常，來脫離慣常的意識狀態。他們也可能以比較緩和隱微的方式，譬如永遠孤單一人，或者永遠覺得自己和其他的人及生命無關，來表現這份罪咎感。

土星也會在十二宮裡顯現出一種典型的土星式矛盾，亦即對擺脫自我及身分認同十分執著，同時又有一種巨大的恐懼。無論它在現實情況裡以何種方式顯現出來，在生命的某個階段這類人一定會受到召喚，學會承受孤獨和無助感，犧牲掉自己的掌控性。當這些情況在內心發生時，他們往往無法和別人分享自己的感覺，因爲這麼做只會強化孤立感。他們不明白自己到底在保護什麼，就像不明白宇宙深淵爲何那麼令他們著迷一樣。他們只是覺得自己毫無力量，而這也許會變成一種過度彌補的傾向，亦即試圖證明生命是完全掌握在自己手裡的。而這又可能導致他們被關進監獄或醫院，雖然他們無從了解是什麼動機將他們帶入了這種情況。

無論是僞裝的或是基本的形式，土星代表的都是最具個人性的力量，它讓一個人藉由操控外在環境來自我保護。這是一種必要的防衛機制，因爲逐漸在揭露中的潛意識的確需要保護；雖然如此，每當你發現一個人的土星是落在雙魚座或十二宮的話，就該明白拆掉鷹架的時候已經到了。這意味著此人的內在結構已經臻於完善，拆鷹架就像是把外殼剝掉，讓裡面新生的嫩肉能夠展露出來。

十二宮與六宮剛好是對立的，它的作用力就是把六宮整理好的東西拆散，讓一切回歸混沌。這種混沌狀態和瘋狂或疾病的混亂狀態不一樣；只有那些從世俗角度去看心靈實相的人，才會把十二宮當成是代表混亂的宮位。

了解了上述的觀點，才能讓我們超越正統心理學研究的領域，一種對四宮和八宮的某些部分的探究。然而，在面對十二宮的迷思時，正統心理學是找不到方向的。雖然如此，一般人已經普遍地發現，對靈魂的進化、生命的意義和靈性面的追求，乃是一種有效的心理驅力；當大部分人都明白這可能是人類最根本最重要的本能時——雖然這種本能是屬於精神而非肉體層面——或許就會認爲犧牲掉個人的人格以呈現更完整的自我，不再是一種恐怖的經驗了。不幸的是，土星落入十二宮最大的潛力，目前只有神祕家有能力掌握，因爲他們著重的是內在的默觀之道。對他們而言，這代表徹底犧牲掉自我的分別意識，而且是心甘情願的，因爲這就是通往解脫的最後一道門檻。能不能掌握住這份潛力，就看一個人的觀照角度是什麼了。企圖在潛意識的迷宮裡捉拿土星是很困難的事。在八宮裡的土星至少還跟個人的人格有些關聯，而十二宮是純屬靈魂的宮位，因此除非我們對人類與生俱來的靈性本質有一些認識，否則光憑分析是無從了解此宮內涵的。土星落在十二宮只有透過服務眾生而非「行善」——這不是眞正的服務——才能把鉛煉成黃金。這意味著必須體驗到神祕家自古以來一直在追尋的合一境界，還有一種隨之而來的責任意識和不執著的大愛。當然，這種說法對那些著眼於現實面的人是沒有意義的，甚至還會觸怒那些事件派占星師；但事實仍舊是第十二宮尚未被徹底解釋清楚，就像無人能闡明人性一樣。或許當科學的佐證累積得越來越多時，就能逐漸證實奧祕教誨所揭露的相依相生性，以及背後的合一性，不但是一種客觀現實，也是神祕家的主觀體驗。

土星落在水象星座和宮位是值得率先檢視的，因爲它會在這些領域裡展現出最曖昧不明的一面，以及情感最深處的痛苦。人類現在才開始學習如何客觀地思考，而且大部分的人仍然陷在情感的兩極性之中，但土星依然得爲目前人們所感受到的孤獨和孤立，負起最大的責任。那些土星落在水象宮位或星座上的人，如果能認清他意識到絕望的那份能力，和他獲得寧靜及智慧的能力一樣強大，或許就能帶給自己一些助力，不過他首先得把注意力轉向情感和潛意識的次元。

〔第二章〕

土星落入土象星座或宮位

土元素與物質次元息息相關，而我們全都在這個次元裡有知覺地運作著，此外，我們所有的努力以及犯下的錯誤，也都會在其中製造出具體的後果。土元素一向被視為比較簡單的元素，通常和金錢、資源、安全保障、工作、服務以及事業成就有關。土元素也和感官造成的心理作用相關；這意味著一個人對現實的意識，會透過五官經驗及理性思維建構出來。從這點我們可以假設土星落入土象宮位或星座帶來的挫敗感，應該比較容易解讀一些，而且在這些宮位和星座上面，土星會展現出典型的摩羯座特質，譬如堅忍、節儉、謹慎及自制，所以應該比較容易解決土星造成的問題。事實上，土元素並不像一般占星教科書寫得那麼簡單。此元素一向是流行觀點的不幸受害者，這種觀點主張物質或是對生命的唯物觀，與人類的心靈或是對生命的唯心觀，是相互矛盾的。那些星盤裡有太陽、月亮、上升點或星群落在土元素的人，相較於其他由更多彩多姿的元素掌控的人，一向被視為進化的程度要低一些，因為土型人關切的多半是物質次元的律法和運作方式，而且會把自己的創造力和努力導向對這個次元的掌控及了解。這類傾向被視爲一種唯物主義，所以比較缺少精神層面的願景。我們可以從人類描繪神的各種概念，清楚地看出人們內在的眞相；透過這些象徵我們表達了內心所認爲的眞理，無論它是不是一種普遍流行的眞理概念。譬如，我們把耶穌基督的生辰定在由魔羯座管轄的十二月份，而魔羯座是土象星座中密度最大、最具有世俗野心的星座，雖然歷史上根本沒有證據足以證實耶穌是在那一天誕生的。同時我們也把聖母瑪利亞的太陽星座定在正十五度的處女座，這個最瑣碎和最具有批判性的星座。我們還把佛陀的太陽星座定在金牛座，這個最遲緩、最沒有伸縮性的星座。而整個奧祕教誨對靈性啓蒙的概念，不但特別和魔羯座有關，也跟所有的土象星座相關，因爲靈修者如果不能把體悟到的高層意識，應用在身體和現實環境上面，就不能算是眞的開悟了。只有當物質世界變成他內在精神最合身的外衣時，他的修行任務才算完成。數千年來的神祕家和玄學家左思右想的，就是如何把精神和物質融合在一起，而我們所熟悉的煉金術和占星學，也都是從上下呼應法則之中誕生的產物。與土星這個象徵符號連在一起的迷思和特質，從潘恩（譯註：希臘神話中的豐產神），到撒旦和路西弗（譯註：撒旦未墮落前的名稱），到最重要的煉金藥（Mercurius Senex），或是從伊甸園的那條蛇到塔羅牌的隱士，都暗示著土元素比我們表面上看到的更深奧。最後我們必須考量的是，我們都存在於地球上，而且全都藉由乙太或「能量場」，極其複雜地與大自然其他的王國連結。我們對物質的本質還有許多不了解的地方，也許除了奧祕教誨的文獻強調地球是靈修最終的考驗場之外，理性的科學法則也同樣能有效地道出相似的眞理——不過我們目前尚未得到這樣的科學結論。

土星落在土象星座或宮位帶來的問題和侷限，通常會影響一個人身體的舒適度，支撐自己活下去的能力，找到有意義的工作的能力，以及在熟習的領域裡成爲負責人或權威人物的能力。這是土星落在土元素最簡單的詮釋，而你會發現這種詮釋一般來說是有效的。然而很不幸的是，《舊約聖經》給了我們一個結論，導致我們認爲工作是一種贖罪行爲，這麼一來，我們就不再相信工作也可以是富有創意的活動了。根據《舊約》的說法，連上帝也是努力工作了六天，才創造出這個世界的。世上的每個人都希望自己是有用的，而這跟所謂的「群體意識」（group consciousness）有關。感受到它背後的一體性，暗示著個人必須爲團體貢獻己力。這種群體意識不是強迫人們要做出貢獻，也不是否定個人的意義、以集體爲重的意識形態。此外，人還有一種基本需求，那就是他必須透過自己的努力和成就，來獲得某種永恆的東西。藉由這種東西他可以在群體中建立自我價值。這種永恆的東西有可能是物質性的報償，也可能是更深層的事物，譬如達成一種標準、價值、榮耀、服務的目的或才能的展現。同時經商、交易和語言文字，也是一種溝通交流的有效形式，而金錢不但象徵著情感上的獨立性，也象徵一個人的價值，以及提供給他人的服務和技術所得到的肯定。因此當我們研究神話的時候，我們會發現莫丘里（Mercury）不但是一位經商之神，也是衆神的信差，而且總是以無與倫比的世故作風洽談生意。

土星落在土象星座和宮位，或許能提供一個學習的機會，讓我們認淸這種元素比較深層的意涵，因爲想解決土星落在土元素的挫敗感，絕不能靠著過度現實的工具來達成這個目的。我們似乎必須先了解其他的三種元素，將它們統合在一起，形成一種更有效的詮釋方式，才能減輕土元素帶來的重擔和直觀力受阻造成的痛苦。

土星落入金牛座或二宮

第二宮傳統上被視爲代表財物和收穫的宮位。從這裡我們可以看出一個人謀生的能力，對能夠帶來保障的事物的態度，還有得到金錢收入的方式。這是一個土象和固定模式的宮位，所以情感上的安全感是在此建立的，不過它代表的比較是慾望本身而非慾望的結果。所有和固定星座相關的宮位，多少都象徵著一個人的價值觀、慾望的本質，以及直覺反應和某種慣性模式，它們比較不代表事件或事物本身。如果這一類宮位被看成是人的慾望的反應，那麼與第二宮相關的深層意涵，就不該只是擁有物之類的東西了。擁有財物只是慾望達成的一種具體證明。

渴望擁有某個東西，讓自己永遠不失去這個東西，似乎是一種集體性的需求，無論這個東西是人、價值、意識狀態，或是一輛汽車。由於人會珍惜他所擁有的東西，所以這個東西的意義比擁有物又深了一層。第二宮代表的渴望通常只適用於物質事物；雖然目前大部分的人都把最高的價值放在財物上面，但隨著集體意識的演化，這種情況不一定會持續下去，以往也不盡然全是這樣的展現方式。

第二宮也可能代表對關係的重視，就像我們重視銀行裡的存款一樣，因爲被重視的事物一向和我們所謂的愛有關。但是從最根本的角度來看，眞正永恆的擁有物，只存在於一個人的核心本質裡面。人生沒有任何東西是永恆不變的，除了我們所謂的靈性本質之外。其他的東西都會毀壞、失去、被奪走，或是喪失價值。因此，第二宮代表的擁有物不僅僅是具體的財物，也包含了心智、情感及靈性層面的價值。而任何一個落在二宮裡面的行星，都必須從內在的「價值」——一個帶有曖昧性和相對性的名詞——來定義這個行星。在所有的行星中，似乎只有土星的價值是純物質性的，但正如我們已經覺察到的，這樣的觀點很容易誤導人，因爲土星本是要顯現出一切具體事物的價值的相對性。透過土星的作用力，物質次元的一切事物都有了新的意義，因爲它象徵的是內在的本質和存在狀態。當我們從這種觀點來看安全保障時，意義就變得截然不同了。

土星落二宮最簡單的解釋就是害怕貧窮，而物質匱乏的童年以及對奢華生活的渴求，的確經常伴隨著這個位置的土星出現。土星落入二宮會否定一個人在物質層面的幸福感，令他成年後還不斷地追求物質的滿足，以塡補內心的空虛。我們都接觸過那些白手起家的人，他們最後多半累積了許多銀行存款、房子、汽車，以及所有社會認爲的象徵安全保障的東西。土星在這類事物上會展現一種無意識的表現方式，而落在金牛座或二宮裡的土星也有一種傾向，似乎只能接受社會認爲的足以帶來穩定性的價值觀。那種土星落在二宮裡白手起家的人，往往會十分害怕喪失努力得來的一切，所以反倒不能盡情享受他所擁有的東西。他可能會因爲害怕喪失財物，反而吸引來失去這些東西的遭遇。由於他深知喪失這些財物的痛苦，所以也很怕負起擁有這些東西的責任，但同時又有一股不斷想累積財富的衝動。沒有任何東西足以帶給他徹底的安全感，他總覺得會有更大的力量使他破產或顚覆他的人生。他把整個價值都放在物質層面上，因爲他從未擁有過它們，但最終還是可能爲過度物化的價值觀付出代價。

土星落二宮還有另一個表面看來是相反，實際上是相同的模式；有些人童年時的物質生活還算相當舒服，內在的價值和個人的成長卻被否定了。但我們不能全怪父母的教育造成了這種情況，因爲是此人選擇了自己的出生環境。從更深的層次來看，是他自己對另一種層次的價值不夠敏感，所以引不起內在的能量共振。因此，我們往往會看到這類人爲了獲得保障而出賣自己，理由是欠缺其他層次的價值觀，同時也不夠尊重自己。他評斷自己和他人的方式，通常是奠基於人所擁有的東西，而不是其本質。

這樣的人通常很難被理解；土星落在金牛座或在二宮裡的人，可能會顯現出這個行星最令人不悅的特質——這不代表土星落此宮是「糟糕的」，比較是某些明顯具體的性格會隨之出現，而且是很難隱藏的。有這個土星位置的人如果沒有發展出覺知，很可能為了達成目的而合理化自已的手段，貪婪的心性也會變得相當明顯。土星比較有覺知的表現方式，譬如擁有內在力量和自給自足的能力，很可能會消失不見。這種人會強烈地依賴他人的經濟支援，和我們前面提到的白手起家的例子剛好相反；那種人寧願餓死，也不想欠別人任何東西。但這兩種極端的表現方式，都是源自於相同的心理狀態，因為兩者都帶有一種深層的恐懼，和一種自相矛盾的性格，也就是對自己想要的東西既渴望又排拒。從根本上來看，這是意識發展必經的歷程，不過這兩種狀態全都仰賴外在而非內在的價值，而土星這位任務大師勢必會在生命的某個階段帶來一些考驗，使我們不得不把價值觀提升到另一個層次。吸引來這些經驗的就是我們自己，因為內在更完整的自我渴望發展出另一種價值觀。這是對落入二宮的土星更深的一種解讀方式。

另外還有一種經常見到的土星落二宮的表現方式，那就是完全不涉入任何物質事物。這是朝另一個方向發展的過度彌補傾向，如同土星落八宮一樣——另一個涉及價值和情感態度的固定宮位——往往會以道德或宗教的理由，來掩飾對性及情感的深層恐懼。土星落二宮的人也經常把金錢視為邪惡的東西，他很難察覺心中的貪婪和別人一樣強。因爲對自己的人性面很難包容，所以也很難包容別人的貪婪。這類人會覺得自己選擇過儉樸生活還不夠；他會反過來批判別人不依循相同的途徑，因爲他不能眞的面對自己，也不能放掉內在的罪咎感。這便是個案研究的專書時常探討的投射傾向：我們所憎恨的他人身上的特質，就深埋在我們心中。

土星的這種投射傾向經常會出現，因爲它代表的是光明的陰暗面，從整體分割出來的個人性人格，而這的確意味著人性中比較惡質和令人不悅的一面。但這些特質並不是天生邪惡；只不過是它在意識提升的過程中已經不合時宜了。由於我們總是以別人的道德觀來嚴苛地批判自己，所以導致我們將這些特質推入到潛意識底端，變成了藏身於門後的惡魔般的陰影問題。但精神能量是不會完全消失的，它們會透過另外的管道釋放出來，而土星的釋放方式通常是將問題投射到別人身上：我們看不到別人的某些被我們排斥的行爲模式，本是我們自己的負面特質的反射。

正統基督教一向主張追求世俗財富是一種罪惡，這種觀念令西方人很難以和諧及富有建設性的方式，來調解其中的二元對立性；但是隨著新的時代的來臨，新冒出來的象徵，以及心靈和精神面的爆發性成長，讓這種神魔對立、聖凡對立的老舊價值觀，開始以另一種古怪的形式呈現出來。如果我們把這類價值觀迷人的外衣脫掉，往往會發現它要說的其實是：「我如果不能擁有它，你也不該擁有它。」再加上某些政治意識形態，也和資源及機會的公平分配沒有多大關係，所以就展現出了這類價值觀的惡質面。看起來投射作用仍然在我們之間猖獗地運作著，而且把追求世俗財物看成是邪惡的事之類的觀點，又再度流行了起來。人們不再把性上面的表達視爲邪惡的事，乃是因爲精神分析的出現帶來了改變；但是在物質、財富和商業的層面上，我們還沒有得到同樣的啓示。雖然如此，我們仍然可以把這股反物化潮流，看成是朝著新價值觀在發展的一種正向改變。

土元素本是許多深層意義的守護者；當我們從更深的角度來看它們的時候，我們會發現物質其實是源自於精神層次的一種表現，裡面包含著心智、情感和內在目的之藍圖。這是一種比較隱微、更富建設性的觀察物質次元的方式。我們不妨將其運用在金牛座和第二宮上面，但循著這樣的線索去觀察，就像是進入迷宮一樣，最終我們會發現二宮其實和物質事物一點關係也沒有。在迷宮深處埋藏著所謂的「無價之寶」，但只有靠著金牛座的毅力才能找到它。這個位置的土星就是要找到核心深處的珍寶和無法更改的價值，因此它的定義很難被明確地了解，但是對於那些有過主觀體悟的人而言，卻是一項無庸置疑的事實。

土星落入處女座或六宮

工作、健康、服務者以及雇傭關係，傳統上被視爲六宮代表的意義。從此宮我們可以看到一個人的工作習慣，可能吸引來的工作情況，對服務和例行公事的態度，以及對身體這個服務的工具的態度。一個人的健康狀態也是由此宮位所代表，而且足以反映出是否會罹患器質性或功能性疾病。這個宮位一向被視爲弱勢宮位，如同十二宮一樣，因爲它是一個終止宮，所以落在這裡的行星，似乎不會透過外在活動或事件來表現其模式。事實上，第六宮通常是被忽略或視爲不重要的，很可能是我們對它並沒有眞正的了解，因爲我們也不了解身體的本質，以及它和心智或情感的關係。

但是這個宮位在內心似乎佔有很重要的地位，就像十二宮一樣，因爲它代表內在的統合、淨化、整理和醞釀的過程，然後才會向外展現出客觀的表現方式。我們很習慣於把前面六個星座或宮位，與一個人的人格發展連結在一起，把後面的六個星座或宮位，和一個人參與集體的情況連結在一起。做爲一個終止宮，第六宮代表的是人格的統合以及獲得秩序的過程，方式是把前面五個宮位的努力所發展出來的特質，統合成一個完整的人格，以成爲自我表現的工具。當工作和第六宮連在一起的時候，就不只是謀生的手段、證明自己存在的一種方式，同時也是一種儀式性的準備工作，或是淨化的活動——

就像二宮裡的金錢也有更深的象徵意義一樣。如果以這種邏輯繼續推演下去，身體也應該被看成一種象徵，而身體的健康應該與人格的統合與否有關。這就是落在此宮的行星必須達成的目標。

看起來這似乎是對辛勤工作的六宮比較深入的定義。如果我們再度檢視神話的內容，將會發現那些象徵處女的女神，並不是在性上面完全天眞無邪，因爲這些女神也是神女，而且主宰著性的結合以及嬰兒的誕生。處女的貞潔意味著完整、單獨、不被男人擁有，也代表沒有丈夫的傭人或奴婢。貞潔的女神是可以交配和生子的女性原型，但絕不會成爲別人的妻子或配偶，因爲她永遠是獨立的、自給自足以及完全統合的，而且不倚賴別人賦予她任何意義。但是這些女神被送給了太陽神，在男性爲主的社會發展歷程中，被剝奪了自主性和性上面的自由。從這種象徵我們或許可以找到處女座和六宮的關鍵意義，因爲它們似乎跟完整性、人格的統合有關。從更完善的角度來看，人格的統合也應該包括與外在環境的關係，亦即人必須學習和他人建立合作的關係。

心理學在心身治療的領域裡，一直在探索心智對身體造成的神祕作用。一些非正統的治療方式，譬如催眠，或許能更深地發現，人的心智無疑地與身體的健康有更細緻的關聯。在這方面我們的了解仍然十分有限，不過近年來能量醫學已經發現，能量場或「雙重乙太體」（etheric double）是跟肉體同時並存的。這代表我們正在開始認識身體這個載具的完整意涵。古老的針灸術、有關脈輪或能量中樞的奧祕教誨，已經不像過往的西方人所認爲的那麼荒誕和無法證實了。以往一向被認定的身體疾病，現在則被發現似乎源自於截然不同的次元。近年來我們才察覺有潛意識心的存在。二十世紀的心理學沒有誕生之前——心理學誕生時剛好是冥王星被發現的時段——我們只能靠著中世紀的煉金師來解讀人的夢境和幻想，但是由於缺乏科學的研究方法，所以並沒有多大的斬獲。或許我們必須等待另一個行星的發現，才能揭開第六宮和處女座的祕密。

土星落入六宮似乎提供了一種機會——藉由挫敗、疾病和失望——促使一個人探索身心之間的關係，然後有覺知地整合這兩個面向，其報償通常是建立良好的健康，以及對身體和環境的關係有了新的認識。很少有人被賦予這種機會，因爲我們從未被教導工作及健康還有更深的意義。土星落在六宮更常見的是工作造成的疾病、不舒服、挫敗和侷限。這類人童年時對日常儀式和規律節奏的需求，或是透過外在秩序來得到內在秩序的需求，往往遭到了否定。這種需求和獲得保障及成就的需求，是一樣眞實明確的。

如果我們先從土星的陰暗面進行思考，那麼這種缺乏外在和內在秩序的情況，通常會在成年後造成不自在和恐懼感。童年時受到日常瑣事方面的嚴格管束，也是這個位置的土星經常會帶來的情況，但是這種紀律往往缺乏根本性的意義，因爲此人的內心並沒有配合的意願。由於他們的內心缺少整合，所以不斷地害怕自己會失序，而且會有一種時常出現的衝動，很渴望維持住外在環境的秩序。土星也會誇大對工作、例行瑣事和秩序的執著，直到這份執著演變成對一切未知事物的恐懼為止。這類人經常對物質或心智層面的失序感到焦慮，而這個位置的土星也一向和身心的失序有關。土星執著的是外在的秩序，而非藉由身體這個工具來整合心智、感覺及直覺；其結果往往是經驗到一種挫敗感，因為這類人會一直試圖讓內在的整理過程，變成外在的具體現象。

土星落在處女座或六宮的人，可能會把自己對工作成效的挫敗感和調適過程，表現在身體和整個精神狀態的關係上面。就像他肉體的某個器官會失調一樣，身為環境一員的他，也可能與更大的整體失和。他必須整合外界和自己的身體，因為他就立足於這兩者之間。他的身體必須為他的內在目的服務，而他又必須為群體的內在目的服務。

如果一個人比較缺乏覺知，那麼土星就會讓他產生不滿足和憎惡感，因為它會令人意識到自己被環境禁錮。他會覺得自己有能力做更好的事，而且會對無盡的例行工作惱火。他無法體認這些例行工作的意義，因為他並不真的了解服務的定義是什麼。這類人很少能藉由服務大眾獲得內在的祥和感。他們只是不斷地重複極其單調的例行公事。土星落此宮可能意味著被服務性質的工作吸引，但是對服務抱持的概念，卻只是為別人做一些瑣碎的雜事。奧祕教誨告訴我們說，服務本是一種內在的精神品質，而不只是「把工作做好」就算了。它是一種意識狀態，不是計畫好的行動。這種類型的服務乃是人格統合之後的結果，因為身體、感覺和心智一旦平衡了，這個人就會直覺地意識到內在的靈性目的和本質。他不會再忙著調和人格中四分五裂的部分，他會透過一種儀式性的整理過程，學會聆聽內在眞正的方向。這就是冥想、瑜伽和宗教儀式的目標，而這一切全都跟六宮有關，雖然我們始終不太明白它的意義。如果一個人能夠以有知有覺的方式，來表現土星落六宮的作用力，那麼服務就會是內在的平衡性的一種結果。許多醫生、外科大夫，以及照料精神和情緒疾患的醫療者，都有土星落在這個宮位裡。

土星落六宮的人也可能把服務視為一條簡便的出路，因為這種工作根本不需要勇氣、直覺或是對未知的冒險——落在此宮的土星往往很難表現出這些特質。同時這類人也可能厭惡服務工作，因為他們的角色不為人知，工作又一成不變。這個位置的土星最常顯示的情況，就是待在一個自己非常不喜歡的工作裡，但是又無法離開。我們可能會聽到這類人對自己的工作或上司抱怨連連；他有可能工作過度，但收入太少；同時他又會為自己的情況找許多理由，不願意面對和改善，因為他的情況雖然帶來了挫敗感，但至少是他所熟悉和感到安全的。如果他眞的試圖做出調整，很可能遭到老闆的拒絕，因為他投射出了一種自我懷疑的態度，或者缺乏換另一份工作的技巧和條件。當他被迫去面對內在的召喚時，會覺得不太舒服，因為這代表他必須發展出某種技能才行。因此，他可能乾脆把自己鎖在自造的監牢裡，不去意識他手中永遠握有開門的鑰匙。

土星落六宮的人的確具備管理和執行的能力，而且也有治療能力，以及對別人的心智活動的細微洞見。但是這些能力都得被揭露和磨練之後，才能夠善加利用。這類人會發現他必須面對自己本質裡的陰影面，一種不想對集體負責的逃避傾向。眞正的謙虛則是處女座比較可愛的特質之一，但是土星落入土象宮位的人，卻很難自然地將其展現出來；他們會把它變成一種屈從的態度。覺知力較差的土星落六宮之人，就像是一個只愛花卻不愛其成長過程的花匠，因爲他不了解只有在對比整棵植物緩慢和井然有序的成長過程時，這朵花才是有意義的。這棵植物並不是爲了他而長出一朵花來；花是因著這棵植物的內在目的而綻放的，他只是剛好在那裡出現，欣賞到它罷了。因此當花凋謝的時候，他的喜悅也消失了。

土星落六宮經常和健康不佳有關，也可能對維持健康的法則著迷。至於這類人爲什麼會有先天性的遺傳疾病，原因是很難說明的，因爲按照因果律或命定之說來解釋的話，我們就會遭遇到和靈魂有關的哲學議題。心身症的產生，其實可以用比較簡單的法則來解釋。總之，這是土星落六宮經常會有的情況。導致這種問題的心理模式之中，最不迷人的肇因就是渴望關注，而這是經常會見到的情況；一個人藉由他的疾病徹底掌控了全家人。另外一種心態就是想要逃避不愉快的情況，包括工作或是更深層的對秩序的渴望，然而這些需求似乎是逃不了的。疑病症也是土星落六宮時常出現的問題，這可能是土星用來躲避人格統合的方式之一，因為疾病永遠反映了內在的不平衡——即使疾病表面上看來是源自於器官的病變。

我們也可能發現這個位置的土星，會發展出另一種極端的表現方式，那就是執迷於維持「健康」這件事。這種例子讓我們比較清楚地看到了對秩序的需求，雖然這份需求被壓縮成了具體的表現方式。無論外在的顯現方式是什麼，土星落六宮都會反應出對人格的統合不可避免的需求，如果避免了，便可能製造出疾病來。若是將其推向一個物質性的管道，則可能製造出內在的挫敗感——陰鬱的心情、焦躁感和沮喪的情緒。但這個人若是能帶著覺知，很實際地去了解他的精神面以及和肉體的關聯，還有身心和外在環境的關係，那麼落入六宮的土星就可以將身心統合起來，變成一個非常平衡的工具，讓不再受物質侷限的內我能夠善用這個工具。煉金術就是朝著這個方向在發展的。心理學所謂的「個體化」過程，也是在朝著這個統合的方向發展。古老的煉金術早就有這一類的教誨；「你永遠無法透過別人找到這種一體境界，你必須先活出自己的一體性。」

土星落入魔羯座或十宮

第十宮是土星自己的宮位，魔羯座則是它顯達的位置，因此我們會期待土星落此宮可能以一般或更深的形式，表現出它更純粹的特質。從現實的觀點來看似乎的確如此，因爲傳統認爲十宮與成就、榮耀、野心及權威性相關。若是以四交點爲準的分宮制來看的話，十宮的宮頭就是天頂，它象徵著一個人往外界投射的自我形象，同時也代表他內心嚮往的人生角色。我們也可以假設土星落十宮代表事業會遭遇到侷限、延遲和困難，或者不能順利地向外表現自己，而且潛意識裡會有一股強烈的野心，以及不計代價追求成功的傾向。

這是一般對土星落自己的宮位和星座的詮釋，而且大體來說是正確的。我們可以從十宮看出一個人在社會上的角色，大家對他的看法，以及當他考慮存在更深的理由時所認同的目標。其實我們很難從一張星盤決定一個人的事業性質。十宮裡的行星及其主宰行星，更能代表一個人工作上的內在目的或意義，而不一定代表此人從事的是什麼工作。

這種對十宮的詮釋是大部分的學生所熟知的。第十宮和父母也有很重要的關聯，雖然比較少被占星家所強調，因爲很難清楚地詮釋十宮和四宮軸線的意義。無論四宮代表的是父親還是母親，重點都在於是哪一方眞正模塑了個案的倫理觀念，以及對社會的態度，因爲這些標準都會藉由十宮，這個與傳統及行爲規範有關的宮位反映出來。灌輸社會價值給孩子的，一般而言多半是母親，因爲大部分時間都是她在陪伴孩子，所以對孩子的心智造成的影響比較大。還有一些比這點更細微的觀察，令我傾向於拿十宮來代表母親。一個人早期在身分認同上遭遇到的壓制，往往會變成他成年後的野心，這已經不是一種新穎的說法了。我所指的野心並不是對事業成就的需求，因爲這種需求是創始星座的特質之一。我指的比較是向別人證明自己的成就的需求，因爲這樣的人從未被看成是獨立自主的人。我們只需要觀察一下過往的歷史，看看那些透過自己的野心獲得顯赫地位的人，就會發現他們早期都遭受過家人的排拒和孤立。當然早年的壓制並不一定會製造出強烈的野心，也不一定能創造出成就，雖然如此，我們還是得根據心理學的法則，認清精神能量如果遭到否定，往往會以雙倍的力量找到一個彌補的管道。這是占星心理學對土星落十宮的人的野心經常做出的詮釋。奧祕占星學的解釋與這種說法並不相左，但是會建議重點在於其成就本身，因爲此人必須促成社會的某種改變，或是必須依循內在的某種人生目的來滿足集體的需求，故而必須或是合乎邏輯地選擇一種童年情況，來提供必要的心理效應和日後的野心，讓此人達成靈魂鎖定的事業成就。

上述的占星心理學詮釋提出的是一種因果法則，而且是這類人本身很難掌控的。第二種奧祕占星學的詮釋則是比較深層的看法，裡面充滿著一切被安排好的目的性，而個案本身只是群體的一份子，他的作用就是要滿足群體的需求。這兩種概念可能都是正確的。

「命運是由自己決定的」這種觀念很古老，它把在物質次元做出選擇的責任，放置於個人的手中。你的心智如果夠開放，這也是一種值得參考的說法，因爲這會讓我們看到土星更深的意義。我們可以把它當成一種工具或機會，藉由它人們才終於了解了自由意志的本質。顯然土星落在十宮或十宮裡有許多行星的人，若不是被賦予了某種角色，就是會勤奮不懈地促成集體結構的某種改變，也可能變成權威或是他人事業成就上的楷模。土星落十宮的人往往有強烈的內在驅力、使命感和責任心，尤其是土星和天頂合相的話。他們通常有一種強烈的命定感，覺得自己必須扮演社會上的某種角色，但是必須經過一段時間的犧牲，辛勤地建構和做準備，直到渴望被器重的驅力，終於讓自己達成了某種程度的聲望或權責爲止。只有當他們的內在整合完成了，才能比較了解自己和內心的動機，屆時他們才會明白自己爲何如此地努力。

土星最主要的性格特質就是表裡不一，而十宮的表裡不一性格的表現方式，就是爲了滿足自己的野心、達成個人的目標或理想，而去追求外在的成就。如果此人認同他在十宮裡的個人野心，就會拿他的成就來操縱外在環境，爲的是不被環境掌控——一種大範圍的土星式自我防衛機制。從遠距離來看此人，你會以爲他的努力一向是爲了別人；因爲他往往會把自己當成祭品，否定一切的享受和娛樂，來達成事業的目標——雖然從個人的壽數來看，這種成就是非常短命的。最後此人可能會成爲歷史上的知名人物，或者只是在一個小區域裡充分展現了土星落十宮的作用力，但是卻爲其所屬的社會結構帶來了長遠的改變。只有當這個人明白了自己的工作更深層的本質和意義，或是開始帶著覺知讓他的工作符合內在的生命藍圖時，才能眞正享受工作的成果。

土星在十宮一般被視爲一種野心的象徵，這類人會緩慢地朝著權位攀爬，但是一路都會有許多障礙和延遲，或者可能因喪失權位而飽受痛苦。希特勒和拿破崙都是過度被引用的例子，而且這些情況的確在他們身上發生過——包括童年貧瘠的情感經驗在內。不過當然，還有許多土星落十宮的人並不想征服世界；這其中有許多是女性，她們從未企圖征服廚房水槽之外的任何領域，但這並不代表我們應該排除土星落十宮的一般定義；它的過度彌補傾向，以及把價值投射到另一個人身上的習慣，都是必須考量的。我們同時得明白從星盤只能看出一個人的發展潛力，如果這個人想要在他的人生裡表現出那些潛力，就必須面對各種挑戰。

觀察土星落十宮和母親的關係，也是很有趣的事，因爲土星落此宮的潛力和母親息息相關。母親通常是主控者，但也可能是父親不見了，而不是母親天生喜歡掌控。這種掌控性會以明顯的方式表現出來，譬如態度嚴格或權威，缺乏溫情和同理心，而且會要求小孩按照某種原則來行事，或者很在意鄰居的評價，過度重視物質而非情感的價值。母親的這種掌控性也可能是無意識底端的權力慾的反射，但是表面看起來很被動。有時這類人的母親也會因爲重病和早逝，造成了此人沉重的負擔。這所有的情況都會強烈地影響此人，而且在他有能力展現全部的潛力之前，必須先處理好與其相關的心理議題。

他必須切斷與母親之間的情感臍帶，否則這種連結可能會一直持續到成年之後。

土星落十宮出現在男同性戀者星盤裡的機率，大得有點令人不安。當然，這不意味土星落十宮一定會造成同性戀傾向，況且我們也不是在面對一種必然的因果律，反倒是其他的情況造成了這樣的發展；可是如果把土星落十宮和母親聯想在一起，便可能會猜測這類人與強勢的母親之間有相處上的困難。當然，與女人有相處上的困難，往往會表現出許多的行爲模式，同性戀只是其中的一種。這類人的母親很可能打壓了他們的意志力和身分認同，令他們在情感上遭到排拒，導致有這種經驗的男性不信賴女人。土星落十宮的女性也同樣要克服許多障礙，因爲女性必須從母親那裡學習當女人的方式。假設母親的特質是由土星所代表的，那麼陰柔就不可能是這類人首要的表現方式；權力反而會是比較重要的特質。這會導致一個女人以社會接納的方式活出的她的陰性面向，她會以貼切的方式說話和烹飪，或者透過丈夫、愛人活出自己受挫的內在需求。她也可能變成帶有攻擊性的人，並且會排斥自己的陰性面向。無論情況是什麼，若想了解土星落十宮的內在潛力，就必須和母親達成和解，重新評估自己的陰陽兩面。雖然一般人不會把四宮和十宮看成是帶來性困擾的宮位，但它們的確會間接地影響一個人的陰陽兩面。

這類人多半有強烈的自覺意識，對社會評價非常敏感，而且很怕失敗，但又會吸引來被公開羞辱的情況。這所有的表現方式都跟一種基本的不自在感有關。由於土星落十宮會展現出最純粹的土星特質，也就是它最困難的面向，所以箇中的煉金術就是要發展出相當程度的自知之明。但是以客觀的態度面對陰陽兩種角色是很困難的事，以客觀的態度看待自己的母親也同樣困難。這類人必須先克服這個母性議題上的許多感傷，以及多少世紀以來的僵固性別觀念，才能以客觀的態度看待他們的母親。

這類人下一步要解決的問題，就是對自己的形象過度敏感這件事，而落在十宮的土星多半會把焦點放在物化的價值觀上面。自我重要性對這類人是極爲重要的東西，而他對重要性的定義也可能帶有強烈的物化色彩。他們很怕在大衆面前受辱，所以盡可能地避開拋頭露面的場合，同時又有一種渴望曝光的強烈需求。他們的這種傾向在私下比較不明顯，在團體聚會裡則變得非常自覺。土星落一宮的人通常會在私人聚會裡表現出強烈的自覺意識，在大衆面前反倒比較自在些。土星落十宮的人面對社會價值的時候，態度卻比較保留，因爲他不想妥協讓步。這種傾向如果再加上其他更有冒險性的元素，就可能導致某種內在的衝突。

當這個最有趣的土星位置帶來更宏觀的視野時，往往會使一個人變得既敏感又有強烈的自覺意識，譬如對社會評價極爲關注，不斷地透過成就來展現自己有用的一面。這一切都會協力幫助一個人，讓他準備好扮演權高位重的角色。他可能發現當他爬到最高的位置時，已經學會了各種外交手腕和才幹，同時也會對他試圖教導或模塑的人，展現出一種慈悲爲懷的態度。

在事業上，土星落十宮的人一般而言是成功的，原因是他既努力又有毅力。但是這類人並不適合當別人的下屬，雖然他也可以在某個階段裡展現出謙卑的態度，一種土星式的先天才能。最終他對成就的野心和熱愛，還是會讓他獨立出來，變成眞正的權威。他一旦開始向上攀爬，問題就不在於如何達成事業成就了，比較是在草創期必須先克服對失敗的恐懼。他們必須發展出屬於內在的對成就的定義。要求一個往山頂攀爬的人反觀此舉，是無意義的事，而且要他們明白達到頂峰的報償根本是個幻覺，也是很困難的事。不過我們仍然應該幫助他們了解，爲別人帶來的眞正啓發，就是爬到山頂是可以辦到的事。土星落十宮的任務就是爲團體帶來具體的結構和形式。如果這類人拒絕接受他被賦予的機會，企圖透過別人來活出自己的使命，那麼通常會面對挫敗和一種無價值感。如果他接受了土星帶來的挑戰，則可能變成最善於給人土星式的幫助的老師。

〔第三章〕土星落入風象星座或宮位

風元素是跟邏輯思維有關的法則，而且就是這種法則幫助人類脫離了低層的動物性，令他發展出觀察自己的能力——變得有自覺意識。從這份人類專有的特質來觀察，我們會發現三個風象星座是唯一不帶有動物形象的符號。它們的符號若不是帶有人的形象，就是由無機物的符號所代表。其他的三種元素至少是由兩種動物的形象所象徵的。雖然處女座歸由水星掌管，卻跟人形的象徵連結在一起，金牛座和魔羯座則是由動物所代表；射手座與半人半獸的象徵有關，牡羊座和獅子座的形象都是動物。水象星座也完全是由動物王國裡的動物所代表，而且是最富有直覺性的元素；它們和感覺的作用力息息相關。雖然我們還不能從科學角度精確地了解心智活動、它在腦中所處的位置、主宰著它的律法，但是我們可以藉由它的行爲表現來了解它的本質。我們至少能了解人之所以被稱爲人，就是因爲他有心智活動。

這三個風象星座以及和它們相關的宮位，還有主宰著它們的行星，都會左右心智的某些面向，以及人與人或外界交換資訊的慾望。一切衆生都渴望和外界交換信息，人及單細胞動物都帶有這種生物性的活動，但是只有人會分析他所得到的資訊，而且能意識到這種資訊的本質是什麼。五角星是一種代表人類的古老象徵，而「五」這個數字傳統上也和人類或水星有關，因爲它代表的就是心智。朝著這條線路推演下去我們會發現一個事實，那就是把三百六十度的圓畫分成五個等份時，你會看到七十二度的相位，而它一向和非凡的心智能力或技藝有關——水星主宰的領域——也跟性上面的曖昧本質有關——同時也和水星相關，因爲祂在神話學裡是一個雌雄同體的神祇。這所有的聯想都能幫我們釐清風象星座的本質。

只有風元素能夠以抽離或解離的方式，與生命的表達工具保持距離。每個風元素都帶有邏輯性，但還是取決於使用者將其用在何種目的上面。水元素和火元素都是非理性的元素，它們評估和經驗人生的方式，通常是透過感覺和直覺在運作的。表面看起來生命的顯化好像都是奠基於思想，這是神祕學家很熟悉的概念，但是只有透過人的行爲，才能以經驗性的方式將其表現出來。人必須先對外在事物有所覺知，賦予它一種情感的價值，然後才能以具體的形式將其表現出來。我們對思想的眞實力量所知有限，不過藉由研究我們已經發現，思想若是能專注於一點，就會產生改變物質的力量，甚至可以不借助物質工具的輔助來溝通交流——所謂的遙感現象。我們對遙感現象的認識，就像對其他超常現象的認識一樣有限，而這一切似乎都跟人類心智的創造力有關。有一種概括性的認識目前已經浮現出來，那就是心智的確具有神力。

若是把風象星座視為人類心智無限創造力的元素，我們就得承認一個滿令人悲哀的事實：大部分的人還無法運用這個元素的潛力，因為他們連思考能力都尚未發展出來。一個人的星盤裡有許多行星落在風元素上面，並不代表他能展現心智的無限創造力。一般所謂的概念指的往往是意見，而這和我們所說的並不是同一回事。人們通常很難以不執著的方式看事情：反倒可能基於恐懼而變得冷漠，所以並不是真的不執著。我們也可能因為害怕自己的感覺，而以僵固的方式掌控情緒。生物之中只有人類有心智上的創造力，但大部分的人還是執著於物質和情緒的滿足。那些試圖跳出來觀察自己心智活動的人，或企圖弄明自己的頭腦運作本質的人，通常會遭遇比觀察物質和情緒的表達更複雜難解的挫折。土星永遠會讓它所落入的星座和宮位，有機會發展出自己的作用力或特質，因此我們應該假設土星落在風元素和風象宮位，會藉由心智遭遇的挫折，以及運用心智能力時遇到的溝通障礙，來磨練一個人的思維，讓他更具有創造力，更能達成精神面的統合。

土星落在寶瓶座是它顯達的位置，落在天秤座則是強勢位置，落在雙子座至少是個舒服的位置。嚴肅、專注和穩定，一向被視為心智的良好品質，土星落在風元素的確提供了這樣的可能性。科學頭腦——除去它的偏狹傾向不談之外——乃是我們的社會目前很流行的發展方向，也是二十世紀科技發展的主要理由。我們目前注重的是邏輯思維，對直覺或神祕的感應力往往白眼以待，因爲過往兩千多年的歷史，已經大規模地顯現出虔信所造成的危害。這是土星落在風象星座以無意識的方式運作時，所表現出來的比較極端的特質，因爲它會讓客觀的科學傾向以最分離的方式展現出來。但這並不是風元素眞正的本質；這是當風元素未能以自然的方式達成人與人的交流時，所展現出來的特質。土星落在風元素最大的困難，就在於人們可能以這種乏味的理性方式來領受它，因爲目前人類視其爲最正常的運作方式。它尚未被允許對生命的某種價值領域做出摧毀和重建，因此土星落在風元素更細緻的運用方式，很可能永遠不會表現出來。人們心中永遠有一種孤獨和孤立感，一種對非理性元素的恐懼，同時還有一種高超的能力，可以藉由專注和周全的思維來掩蓋智力不足的事實，以及社交上的封閉性。

土星在一個缺乏覺知的人身上顯現出來的狀態，時常是孤獨、恐懼和挫敗感。就土元素而言，這些感覺會藉由物質的侷限性表現出來；就水元素而言，這些感覺則會藉由否定情感的需求將其表現出來。如果土星是落在風元素，就會跟心智的孤立感有關。不管土星是落在風象星座或宮位，都會使一個人不斷地和孤獨搏鬥，因爲他會覺得很難與別人溝通。這種人的思維通常很深刻，而且帶有一種探索的傾向，理由是他的孤立情況會讓他質疑自己的價值；況且他也不適合一般風象人的那種輕鬆膚淺的交流方式。他的任務乃是要探索頭腦的潛力，成爲心智的主人，而這會讓他無法與別人輕鬆地結盟。不過我們很少聽到這類人抱怨自己的孤獨，因爲這不是他的本性。他也不會表現出情感受挫造成的神經質傾向。他的不快樂不是一般所謂的不快樂；我們通常會把慾望或情感的失望與不快樂連結在一起。這類人一般會以沉默的方式，暗自承受孤立感帶來的痛苦。

很顯然，人的腦力必須展現到某種程度，才能夠了解和掌握心智。因此，土星落在風元素的人必須開始運用他的頭腦，如此才能讓理智照亮他精神裡的陰暗角落。本命盤的土星落在風元素，似乎代表一個人的心智發展已經臻至成熟階段。

土星落入雙子座或三宮

第三宮代表的是心智、教育、溝通及行動。從這個宮位我們可以看出一個人擁有的心智特質，發展心智的方式，與人溝通交流的方式，以及能夠供給他心智養分的東西。雙子座蒐集資訊的出發點是爲了滿足自己，而非獲得物質報償，因爲它對生命及其多元化的表現很有興趣。身爲第一個風象星座的雙子座，最感興趣的事就是測試自己的頭腦有多大的伸縮性。與它對立的人馬座追求的是重組生命的碎片，在其中找到反映宏觀理念的生命意義，雙子座則很容易耽溺在各式各樣的資訊中。第三宮代表的就是心智的這種觀察、分析、區別和加標籤的活動。爲了尋找人生必須具備的資訊，人首先得建立一種溝通的方式來交換知識，同時賦予舊有的資料一種新穎的詮釋方式。

落在三宮的土星如果以無意識的方式運作，就會把這種吸入和呼出的作用力障蔽住；它會覺得無法自在地溝通，而且會懼怕最新穎、未經探索或是非理性的事物。這代表奔放的思想被尋找現實資訊的需求所綑綁，因爲後者已經被證實是安全可靠的。從這點我們會發現，土星凡是落在雙子座、三宮或是與水星形成相位，都可能帶來肺部的疾病，特別是氣喘這種與心身症有關的疾病。吸入氧氣的生理活動，似乎與從外界擷取信息的精神需求有關。這兩種需求都是生存必要的條件，前者能夠令身體存活下去，後者則能讓精神活動延續下去。

還有一些外在情況和落在三宮的土星息息相關，而它們似乎都反映出心智無法自由呼吸的情況。這類人童年時受教育的機會往往遭到了否定，或者所受的教育是狹隘嚴格的，而這會損傷到此人對生命的好奇和興趣，因爲他心智的創造力從來沒有被激發過。這類人在童年可能缺乏夥伴，沒有什麼同年齡的人可以和他們交流，所以成年後喪失了自發的溝通能力。他們經常會出現心智痲痺的現象，這背後埋藏著一種深層的恐懼。由於沉默寡言，他們被大人視爲愚笨的孩子，或者時常因爲自己的言語而遭到大人批評，所以就把話藏在心裡不說出來；長大之後雖然老師或父母這些愛批評的人已經不見了，但是他們仍然無法把內心深處的想法與人分享。言語的困難和障礙經常伴隨著三宮裡的土星出現，它帶來的恐懼和不安全感導致了結巴或口吃的問題。這類人更常見的情況是無法自在地溝通，特別是個人的私事或日常瑣事。但是他們也可能展現出不凡的心智才華，譬如能夠深入思考，注意力集中，卻很難參與閒聊之類的有人情味的活動。對土星落在三宮的人來說，談話的題目應該是嚴肅的。他們也可能在言語或寫作上面賣弄非凡的學問，因爲土星不喜歡膚淺。

這所有的解釋都指向同一個線索，那就是落在三宮的土星和溝通及智力上的挫折有關。這個位置的土星不可避免會帶來孤立感，因爲這類人通常想得深且富有嚴肅的本質，同時又害怕受辱，怕別人譏笑他們頭腦愚笨。他們對自己的心智條件有一種不自在感，雖然他們通常是傑出的學者。他們的傑出表現鮮少是源自於直覺，多半是經由長時間的專注和自律得來的成果。土星喜歡尋找具體而有用的資訊，這種把知識具體化的傾向，和三宮輕鬆無目標的閒聊是對立的；就其主宰行星水星而言，所有的資訊都是有用的，即使這個資訊並不眞實。

土星落三宮也有過度彌補的現象。這類人也可能變成口若懸河的人，而這種聒噪傾向——很顯然和土星落三宮的詮釋相左——也會出現在水土有相位以及水星落魔羯座的位置。這類人的話題總是包羅萬象，但就是不涉及他們最在乎的事物。他們什麼都能談，就是不談自己眞正有感覺的事情。其實他們和那些沉默寡言的人沒什麼不同。土星落三宮也可能以機警、善於外交辭令聞名，這種委婉的表達方式十分有利於政治家或政客；這是土星落三宮最大的才能之一，但並不能減輕他們的孤立感，因爲他們無法表達自己眞正想說的話。

沉默寡言比較是土星落三宮的典型表現。這類人的興趣多半是在具體而狹窄的知識領域，但通常會表現出仔細、周全、方法論的思維模式。有時我們也會碰到他們之中比較頑固愚笨的類型，且多半是因爲太刻意而顯得愚笨，這令我們很難想像這些令人同情的傢伙和那些能言善道的政客，同樣都無法與人分享內心眞正的感覺及想法。其實土星人鮮少是眞正愚笨的，他們可能是對輕鬆和非理性的談話感到不自在，所以才執著於能夠被證實的具體言論。土星落三宮的人經常低估自己的心智能力，而且可能堅守著頑固或教條式的意見，來保護自己免於遭受更聰明的人的猛烈攻擊。

這類人領受到的孤立感，以及對膚淺的概念或態度的不耐煩，也可能演變成一種追求眞相的驅力。他們會因爲外在的情況和內心的恐懼，轉而向內尋求眞相，找尋事物背後的理由，探索事物的結構和意義。當一個土星落三宮的人接納了自己顯而易見的孤立感，並且去追尋更有意義的貢獻時，就會獻身於探索那些披著神祕外衣的事物。只有當一個人害怕面對未知，不敢承認自己所知有限，或者不願接受心智上的訓練時，土星才會讓他變成教條主義者。土星落三宮的任務，就是藉由個人的經驗和觀察來求取知識，而且必須在眞實生活裡接受訓練。其他的教育方式都不能滿足這類人。土星的內在力量和獨立性，必須運用在他們的心智發展上面。

第三宮也經常與交通意外連結在一起，特別是在旅行時。由於三宮和心智、身體的活動及協調性有關，所以此宮也被稱爲短途旅行的宮位，包括身心兩個次元在內。我們的確有必要了解土星落此宮爲何與意外事件或容易遭到意外有關，尤其是土星呈困難相位。

我們也許應該接受一種假設，那就是有某種神祕的法則或是命運的安排，讓落入三宮的土星促成了這些意外事件。同樣地，這種假設也可以運用在土星落入的任何星座或宮位，所顯現出的陰暗現象上面，而這不可避免地會帶來一種疑問，且只能從哲學而非實際經驗找出答案；這種「未來的一切都是命定」的被動態度，和土星比較正向的解釋是對立的。就算我們眞的受到業力或命運的約束，也無法得知這種侷限會在一個人的何種領域裡展現出來。而展現的方式通常是因人而異。

土星落三宮的人會害怕那些最新穎、未嘗試過、非理性或是無法掌控的事物，同時也害怕與人眞正交心。心理學早已發現，許多的意外傷害和疾病，事實上都是被一個人的潛意識設定好的，目的是爲了避免面對逐漸逼近的某些情況，或者渴望在自己的環境裡得到權利和關注。土星落六宮也經常導致這種情況，表現的方式也許是生病或是得疑病症。土星落三宮則會以遭到意外將其表現出來。如果你仔細地檢視這類人的內心世界，就能清晰地看到背後的動機是什麼。這不代表所有的意外都是由「潛意識」安排好的，可是有許多情況的確是如此，有時是在床上躺一個星期；雖然身體不是很舒服，但總比面對某種改變或新的局面要強得多。

許多人無法想像人怎麼可能刻意讓自己受傷或生病，只因為他無法面對生命中的某些問題。其實做這種決定的並不是一個人的意識心，是潛意識裡的某種驅力使然。這種驅力甚至可能摧毀一個人，包括肉體和精神兩個面向——後者就是所謂的精神失常。我們對心理的陰暗力量所知甚微，因此很值得去弄清楚和小心處理。但由於土星象徵的就是心理的陰影面，所以往往會壓抑恐懼和怨恨，況且一般人並不想認清他所憎惡的特質可能就埋在內心裡；他們不能立即承認這些負面特質也可能帶來正向的、具建設性的幫助。

接受土星所象徵的責任意識，並不代表錯誤都是自己造成的，主要是必須弄清楚人類的心智對外境的影響，可能比我們願意承認的要大得多，何況我們對自己還有許多不認識的地方。如果土星落三宮的人能夠抱持這種態度，或許可以避免意外事件的發生。即使是因果律本身，也不可能讓一個人或團體經驗到不利於成長的事件。天宮圖所反映的秩序之美，暗示著毫無目的的意外或受苦，鮮少會包含在這份秩序裡面。土星追求的永遠是眞相；帶來災難的其實是人對這種眞相的恐懼，因爲土星象徵的對事實的無情追求，威脅到了他最珍愛的幻象。

土星落入天秤座或七宮

天秤座是土星的強勢位置，由於現代占星學堅持這種強勢、失勢的說法，所以其中必定有某些深層的意義。因此，土星落在天秤座這個位置，的確值得仔細觀察。

傳統上第七宮代表的是婚姻和婚姻伴侶，以及所謂「公開的敵人」。我們所重視和尋找的另一半的特質，通常是由這個宮位所象徵的，而敵人具備的某些與我們對立的特質，也是由這個宮位來代表。七宮描繪的是一個人最合適的伴侶，如果把對方的特質納入到自己的人格裡，就能變得完整無缺。一個人可能吸引來的婚姻情況也會在這個宮位裡發現，同時它也代表此人會是怎樣的伴侶。

長久以來我們對天秤座和七宮的詮釋一向有點膚淺，而某些心理的投射作用，也顯而易見地出現在此宮的傳統定義裡面。因爲「他者」最終就活在自己的內心裡，所以個人只有達成了陰陽兩面的和諧性之後，才能夠與伴侶和諧共處。我們總是在對方身上尋找自己無法直接顯現出來的部分；我們也總是痛恨別人身上存在著自己無法表現的部分，因此我們不可能透過別人來創造出內在的完整性。第七宮所反映的婚姻只有在個人的內心達成整合時，才可能眞的存在；否則它只會是一種荒唐的僞裝。雖然這種觀點看似犬儒和令人沮喪，其實是可以帶來希望的，因爲它暗示著還有一種更理想的可能性。潛意識的投射作用，或是榮格所謂的性別轉換——男人的陰性面或女人的陽性面——與七宮象徵的婚姻伴侶特質息息相關。

落在七宮的土星提供了一種機會，讓一個人可以達成內在的整合、平衡對立的兩面，因爲他不可能在伴侶身上找到自己渴望的特質。比較可能的是他會吸引來某些情況，讓他體驗到痛苦、孤立、拒絕和失望，直到他開始向內探索爲止。這個位置的土星帶來的經驗，很類似於聖婚或煉金術所說的情況，一種內在的整合帶來的新的生命意義和平衡感，以及新的精神中心。以煉金術的角度來看，這種婚姻在沒有蒸餾出菁華之前，勢必會經歷黑暗和死亡，不過土星落七宮帶來的黑暗卻承諾了璀燦的黃金。

土星落七宮更根本的詮釋是，婚姻或其他關係很可能會帶來痛苦、困難和侷限。對一般人而言，這些痛苦似乎是源自於外在的命運，好像個案本身沒犯什麼錯似的。土星落此宮位會表現出它最複雜的僞裝形式，因爲它的行爲容易完全外化，所以看起來似乎是別人的錯。無論快不快樂或幸不幸運，七宮裡的行星帶來的特質，似乎都會藉由伴侶或他人表現出來。我們都很習於把此宮描述成別人對我們造成的影響，而不去考量這些影響其實是內在衝突投射到別人身上，所造成的影響。土星落七宮無法促成伴侶之間的至樂，不盡然是對方的缺點造成的。

土星落此宮帶來了非常明顯的侷限，通常會是一種孤立或孤獨感。它也代表伴侶年紀大，性格嚴肅、穩定和忠誠，而且經濟條件不錯，但是卻約束了個案的表現、令其銳氣受挫，因爲伴侶不了解也不欣賞個案的思想和夢想。或者，這類人的伴侶也許因爲生病或債務纏身，變成了負擔而非作伴的人。有時伴侶也可能佔有慾強，要求苛刻，或者配不上自己而帶來失望。這類人也可能被伴侶遺棄，或是因爲對方不忠而帶來了傷害。我們通常會假設，遇到這類情況是個案在選擇配偶上面不走運，其實一開始情況還算正常，好像問題都是結婚之後才發生的。我們經常會聽到這類人抱怨說：「當初我遇見他的時候，完全沒想到……。」

人通常比較能意識到低層次的人性特質，所以初見面的時候，往往能接收對方散發的許多隱微的信息。但是這些直覺式的認知如果和我們對伴侶的理想相左，我們就會不太歡迎這些信息。不可避免地我們會表現出內在的需求，而對方也會滿足我們的需求，理由是同類相吸。其實對方後來變得截然不同，並不是我們不走運，而是一開始我們就做了刻意的選擇。當我們發現土星是落在七宮的時候，就必須覺知到這些內在需求，誠實地將其表達出來，這就是土星要我們負起的責任。雖然一開始我們很難理解，人爲何有意無意地選擇可能帶來傷害、失望或制約的伴侶。我們必須明白此人也許無意識地與自己做對，或者被某種無法覺知的動機驅使。他選擇的伴侶反映出了他內在的交戰。

土星落七宮的表現方式，令我們意識到此人可能在逃避一種全面性的和諧關係。土星會小心地避開依賴和脆弱帶來的危險，雖然此人可能察覺不到自己有意地在這麼做。以旁觀者的角度來看，受土星的影響形成的關係會令一個人覺得很安全，由於對方脆弱和依賴，無法帶來任何威脅或支持，所以令人覺得很安全。他們的伴侶也可能是冷漠、不忠實的，或者無法建立有意義的關係，而這其實是源自於一種機制作用，讓此人逃避發展完整的關係必須付出的努力，把責任都推到對方身上，讓對方變成代罪羔羊。土星落七宮並不代表婚姻的失敗是源自於伴侶的失敗；表面上看來好像是如此，因爲此人會把他覺知不到的問題投射到對方身上。

從人格的角度來看，這種機制作用似乎很令人沮喪，因爲此人的內心似乎埋藏著一種東西，令他不能擁有快樂的婚姻。事實上，快樂的婚姻的確不存在，除非兩人的結合是奠基於另一種價值觀，一種有別於社會壓力、情感的依賴性、經濟上的考量以及重視外表的價值觀；因爲這些條件裡面都帶有失敗的種子。土星落在七宮會使人把重點放在婚姻的外在結構，成功地避開內心眞正的交流。土星落七宮象徵的是一種婚後的孤獨帶來的痛苦。這類人最終尋求的是內在的聖婚以及人格的統合，而不是仰賴另一個人找到精神的源頭。從眞我的層次來看，那是一種與人格有別的圓滿本性，而土星落七宮提供了一個找到它的機會。但這並不代表土星落七宮一定會導致孤獨的人生；它反而會促使一個人去了解更深層的合一性。婚姻在精神層面的意義，就是雙方都要回到自己的中心點，各自都擁有獨立性，然後帶著覺知做出自由的選擇。

土星落七宮會呈現出受傷或遭到排拒的命運。土星人經常扮演烈士的角色，但是又會抱怨自己給的那麼多，收穫卻十分有限。事實上他們給的並不多，而且通常是有附帶條件的。這種人既怕孤獨又怕受傷，因此會試圖根據這兩股內在的衝動，去建立一份不需要真正投入的關係。土星帶來的彌補作用，則會導致一個人為了避免被拋棄，而扮演唐璜情聖的角色——男女皆然——外表卻給人一種無情和冷漠的感覺。但這些並不是土星真正的本質，卻是它最常戴上的面具。土星人的盔甲底端埋藏著一種病態式的敏感特質，因此他追求的通常是安全保障，而非可能帶來痛苦的全然合一。犧牲愛來換取安全保障，便是他所謂的責任。他也許以為自己做了有利的選擇，後來卻發現付出的巨大犧牲並不能解救自己。土星落七宮的人如果試圖物化他的伴侶關係，往往會付出極高的代價。土星追求真相、去除幻象式價值觀的傾向如果受阻，就會出現上述的結果。當一個人瞥見了內在的孤獨造成的地獄之後，就不必再假設死後會入地獄了，而這便是扭曲了土星能量的結果。

土星落在角宮裡，意味著外在世界和人際關係都會讓他們發現內在的真相。土星落七宮此種現象會更明顯，因爲這類人的婚姻伴侶要不是痛苦的源頭，就是能夠爲雙方帶來成長的人。這類人永遠有選擇的自由，不過首先得明白他是有選擇權的。如果不做出正確的抉擇，就別怪惡業讓他受苦了；造成痛苦的其實是他的無明。

土星落入寶瓶座或十一宮

人們經常說寶瓶座總是喜歡在櫥窗外瀏覽，無法在商店裡找到任何東西，而且讀了教科書對寶瓶座和十一宮做出的結論，也可能輕易地將它們和希望、期待、俱樂部或學會連結在一起。這種對寶瓶座或十一宮的不完整解釋，顯然無法呈現占星學的深度和智慧。由土星和天王星主宰的寶瓶座，應該值得被賦予更複雜的定義，而十一宮也可能比傳統所認爲的更不易了解。

第十宮代表的是一個人最高的成就以及被埋葬的地方，因爲此宮象徵著一個人在物質世界浸淫最深的領域，並且會要求他犧牲個人的享受以達成他的事業目標。如果把十二個宮位看成一個人外在發展的周期循環，那麼屬於土星的十宮，就可以看成是人格向上攀爬的終點。最後的兩宮和所謂的「高八度」行星有關，代表的是群體和超個人意識狀態。人們會在這兩個宮位裡失去自我，並負起自己在群體之中的責任。人在十宮裡將會完成他的個人性任務，而人格也已整合到身心和情緒的作用力，都變成了爲內在目的服務的精良工具。因此，他可以開始加入更大的團體，讓這個團體得到更高的發展與整合。從土星到天王星的轉化過程，就是從個人意志的極致表現，轉而促成群體意識的發展。群體意識不是以集體爲重打壓個人的意識，因爲它要求的奉獻是自動自發的，而個人的價值也不會在此喪失。這似乎是一種奧祕占星學的解釋方式。但如果我們眞的想了解土星以及它落入的宮位和星座，而且不是從命定論的角度來觀察，是從自由意志和靈魂的目的來觀其本質，那麼這種奧祕占星學的解釋很可能帶給我們一些啓發，幫助我們活得更自由一點。

那些帶有強烈寶瓶和雙魚特質的人，如果還未發展出加入群體所需的內在目的，往往會變成迷失自我的可憐人，而目前人類的情況也許更難讓這種特質得到發展，因爲群體意識的概念尚未變成一種現實。我們會發現一般的金牛人非常關切保障問題，因爲這是他們出自本能的一種表現——一般的天秤人則會關切他們的私人關係，雙子人關切的通常是他所受到的教育。但是寶瓶人和雙魚人卻缺乏個人性的關切目標，所以他們如果對宇宙性的目標缺乏覺知，就會變得什麼都不關心。難怪有那麼多的酒鬼和毒癮者帶有強烈的雙魚或海王傾向，而且有那麼多的精神病患必須處理他們的寶瓶或天王能量。爲了平衡這種說法，我們必須認清有許多最偉大的科學和心理學上的發現，都是由天王人達成的，而某些最偉大的詩詞、音樂和靈性洞見，是海王人的傑作。這兩種人最大的潛力和最大的失敗，都是源自於渴望投入群體，為群體貢獻一些東西。

如果我們不用俱樂部和學會來描述十一宮的特性，選擇進一步地將其解釋成群體意識，以及個人對群體付出的貢獻和責任，那麼土星落在此宮裡的定義就能帶給我們更深的洞見。

對十一宮所下的一般定義，很顯然和它代表的友誼以及對社會的接納度有關。土星落十一宮可能會顯現出它一貫的冷漠和孤立傾向，讓一個人被冠上獨行俠的封號，因為他不怎麼合群。他可能會發現自己不容易隨便交朋友，也不容易以膚淺的社交方式運作。他會覺得自己是個局外人，而且行為舉止也像個局外人。他的分別意識比無法表現出合乎一般準則的行為更深一些。那些能夠被社會接受的團體——透過家人、事業、宗教信仰或嗜好而結識的人——很少能溫暖地接納他，而他也鮮少覺得自己是任何一個刻意組成的團體的一份子。他尋找的是另一種團體，比較深刻的一群人，可是他又很難明白他和這些人之間的連結，其實是源自於內在的本質而非外在的條件。

土星人在社交場合裡往往十分自覺，而且是一籌莫展地缺乏社交技巧，但是每當他展現真正的本色時，卻會變成膚淺者的敵人。土星落在十一宮會讓情況更困難，因為我們目前對友情和群體活動的概念仍然相當淺薄。土星會讓一個人覺得窘迫和不舒服，因為它暗示著內向與害羞。土星為十一宮帶來的效應，通常是一種隱藏在內心深處的孤獨感。這類人其實很想在群體裡佔有重要位置，擺脫掉與衆不同和過度自覺帶來的負擔，但是卻無法表達自己的這份需求和意志，甚至無法承認自己有這種需求。

人是一種群居動物，不喜歡獨居的生活，如果我們看到一個長時間獨居或拒絕與社會互動的人，多半會產生一些懷疑。我們會認爲這種人可能有精神官能症，或是人格不夠健全。其實在群體裡懷著一種界分感，遠比孤獨地生活卻有一種衆生一體的感覺，要來的痛苦得多。土星落十一宮的人經常有一種獨居的衝動，因爲他害怕不被人接納，所以不太喜歡與人發展出友誼。他必須平衡自己的恐懼和渴望活出獨特性的需求，以證實他的界分感之中的自尊傾向，也可以變成一種美德而非缺點。這種傾向既可能不是美德也不是缺點，反而是土星落十一宮造成的阻礙，令一個人意識不到他還有更多的選擇。因此，土星落十一宮最典型的反應就是：我必須是至高無上的，沒有人可以和我平起平坐。土星落在獅子座會讓一個人很難表現出自己的獨特性，土星落在寶瓶座則很難表現自己平凡的一面，或是與其他人共通的特質——雖然他非常渴望融入到團體中，變得和一般人一樣。土星落在十一宮經常被詮釋成朋友雖少卻很忠實，也就是選擇朋友的時候重質不重量。

這類人也會有過度彌補傾向，所以時常會把自己的社交活動排得滿滿的，幾乎沒有獨處的時間，這樣就不需要面對自己了。他們非常重視所屬的團體，但是會壓抑自己的個人特質來迎合團體的標準及理想。因此土星落十一宮的人可能會變成團體的追隨者，而非他最終必須成爲的領袖。他們會認爲自己的理想、希望和夢想比起團體的這些需求，是沒什麼重要性的。土星落在十一宮也象徵著社交花蝴蝶的人格類型，土星落在三宮則暗示著喋喋不休的傾向，土星落在七宮很可能會變成唐璜情聖。不過這裡所說的社交花蝴蝶，翅膀通常是由鉛所打造的。這類人即使在團體中也仍然是孤獨或孤立的，因爲他們的內心一直在尋找更有意義的分享方式。這種渴望更深的交流的傾向，會促成一個人追求不同的價值觀，對社會本身及其目的產生更深的了解。

土星落十一宮帶來的成長機會，必須等到對人類的一體性和演化有了宏觀視野的時候，才能夠眞的被善用。這不代表此類人會直接投入政治活動，雖然十一宮的領域的確和寶瓶座的政治洞見有關。但土星和抽象理論沒有什麼關係；它會讓一個人藉由自己的眞實經驗和體悟，來得到它所提供的智慧；了解集體的心理意涵、人類的意識逐漸演化的方向，可以幫助土星落寶瓶座或十一宮的人了悟到一些東西。奧祕教誨的文獻裡不斷提到「人的宇宙性計畫」，但是就大部分的人而言，這些計畫都還停留在純理論的層次。土星落十一宮的人如果已經發展出辨識力，那麼這種宇宙性計畫的本質及現實就可能被此人洞察到，但前提是他必須花很長的時間，深入地了解內在的群體意識是怎麼一回事。

如果他一直維持在狹窄的視野裡，就很難找到孤立感的解藥。這麼一來他就會發現，預言裡所說的「交友上的衰運」是很準確的描述。因爲一個如此有分別心，如此不信賴別人的人，一定會吸引來同樣特質的人。同類一向是相吸的，而土星落十一宮帶來的自我護衛傾向——即使已經學會了社交上的技巧，表面上看起來很友善，仍然無法與別人深交——通常會吸引來別人的自我護衛反應。

每個人都有潛力活出十一宮的高層或普世性意義，但鮮少有人覺知到這份潛力，因爲首先得仔細檢驗自己的價值觀，對人性有更完整的認識，才能將這份潛力展現出來；雖然如此，每個人的星盤裡都有十一宮，所以每個人都必須找到符合表達這股驅力的方式。對土星落十一宮或寶瓶座的人來說，這項任務會變得更急迫，因爲土星落在任何一個位置上，都會要求你把它當成首選，而落在此宮就代表必須獻身於群體生活。

〔第四章〕
土星落入火象星座或宮位

火元素與直觀作用有關，而且和精神、生命力、意識的源頭相連。這種對火元素的昇華觀點，可能會被一般人視爲空泛的看法，因爲大部分的人都認爲牡羊座代表的是攻擊性，獅子座代表的是自尊和貴族傾向，射手座代表的是不負責任的態度。不論這些說法多麼無趣，這三個火象星座的確有一種先天的個人主義傾向，而且有用不完的精力、自信心和熱情，但不是源自於對現實成就的渴望，是出自於一種直覺式的自我價值感。土元素一旦學會掌握物質資源，就能表現出自信心，水元素一旦建立深刻的情感連結，也能表現出自信心。風元素則會透過意見的交換和概念的拓展，來表現自信心。但是火元素卻不需要在自己的存在之外，找任何理由來表現自信心，因爲它認爲生命本身就是有意義的，每個人都值得受到最高的獎賞。

三個火元素和宮位都包含了我們所謂的自我表現驅力，以及對內在目的或生命意義的追求。人的基本需求主要是食物和維生的東西，而火元素卻認爲必須有意識地把「某個東西」表現出來。這個東西就是火象人的自我。身體的需求對他們來說反而是次要的

——一種由二宮代表的基本需求。

火元素並不是難以理解的元素，我們可以把它看成帶有意志力和目的性的全我，而人格只是其中的一個片面。心理學和奧祕教誨都做出過此種假設，雖然心理學很客氣地避開了廣泛使用「靈魂」這樣的字眼。我們可以把此類意識狀態看成是以個人性和人性的方式，來探索和征服世界，而這便是牡羊座的特質。獅子座的驅力則是創造和愛，射手座的驅力是擴張和理解。這些星座都有一種深層的目的性，而且天生就接受人生是個競技場——包括身體、感覺、心智三個層次——目標是要實現創造性的自我表現驅力。對三個火象星座而言，世界的確是值得探索、採取行動、深入了解和付出愛的舞台。如果有必要的話，這類人也可以摧毀掉它，再建構新的表現形式。對他們而言，價值是埋藏在意義中的，因此他們會在每個經驗中尋找背後的意義。

當然，這種能量模式對其他的元素來說，一定有不太吸引人的部分，尤其是土元素喜歡精確地觀察，能夠欣賞物質形式，卻無法在物質形式中找到意義。此外，火象人也可能顯得自大和自我中心。這類人本能地知道他就是「神」，卻忘了別人也是神。這種缺點是源自於對生命的細節不敏感，而別人的感覺也是這些細節中的一部分。基於這個理由，榮格才會把直觀力和感覺看成是認知的對立面，因爲前者在意的是事物或經驗的目的，後者在意的是事物或經驗的表象。火象人不斷地在追求生命的目的，而且通常會找到它，雖然他缺少對形式之美的欣賞。他很自然地會先思考生命的目的是什麼。

土星落在火象星座或宮位，往往會使一個人無法直觀到內在的眞我，這會造成他失去與生俱來的生命目的和意義。土星落火元素會製造哲學性的困擾而非具體的問題。但是我們必須記住，土星落在任何一個元素，都會要求我們去理解和體驗那個元素的意義，因此就一個土星落在火象星座或宮位的人而言，直觀地洞察到眞我是非常重要的議題，雖然他可能不會以此種說法來表達他的這份需求。追求意義和目的遭到挫敗之後的副作用，可能是一種強迫性的自我中心傾向，但是我們不能以大白話的方式，說此人的自我太大。我們會認爲此人不按照我們的需求去行事，就是一種自我中心的作風。事實上，他的自我可能太小了一點，因爲這種失去與中心點連結的精神傾向，會剝奪此人對生命的自信心。他會以誇大的自我重要感來掩蓋內心的失落，因爲他沒有別的東西了。土星落在牡羊座是它失勢的位置，落在獅子座是它弱勢的位置，因爲它們的本質與火元素不相稱。

我們很輕易地把土星看成是業力之王，但是只把它當成一個痛苦和還債的工具，其實是不完整的認識。如果能視其爲帶來成長的動力，就比較明白它爲何會在某個生命領域裡帶來明顯的制約了。土星落火元素造成的沮喪和無足輕重的感覺，或許也可以看成一種惡業及懲罰，因爲這類人有太多的過去世是自大和愛掌權之人。然而，這種詮釋並不能爲那些有嚴重無意義感的人帶來幫助，但如果反過來把這種業力當成一種挑戰，並藉由努力和發展直觀力來領略存在的本質，以及在團體和人生中該扮演的角色，然後摧毀那些不再有用或奠基於幻象的價值觀，或許就能善用土星帶來的機會，發展出象徵著黃金的核心價值。

太陽的強勢星座就是土星的失勢星座，因爲太陽代表的人格會被巨大的自我感所強化。太陽的顯達星座則是土星的弱勢星座，而土星的強勢星座反倒是太陽的失勢星座。這兩組星座有時會以神、魔的對立性表現出來，而且不論它們有沒有形成眞正的相位，都帶有這種對立性。它們是同樣的基本法則的兩種面貌。在個人心理的層次上，它們和人格的陰影面或潛意識裡的傾向有關。太陽的臉是朝外的，土星的兩張臉則是一個朝向太陽，一個朝向人類集體意識的陰影面。土星落在火元素或宮位，意味著落入了不必然帶有衝突性的另一個面向，因爲火星和木星這兩個火力十足的行星，基本上可以看成是分化的太陽。

土星爲火象星座和宮位帶來的效應，可以恰當地描繪成「精神性的便秘」，因爲你會發現這類人很難自然地表現自己，而且缺乏活力和內在的自信心，有一種生命的無目的感。意志、無條件的愛及智慧，乃是人的三種與神性相關的基本特質，我們也可以將其視爲人的精神面的基本特質。榮格把「愛」稱爲艾洛斯（Eros），把「智慧」稱爲宇宙律法（Logos），他認爲意志是第三個基本要素，可以促成和引導其他兩股能量。在此我們有了心理上的「三位一體」，而基督教和印度教也闡述過這三種特質，譬如梵天象徵造物主，毘瑟奴象徵保護者，濕婆象徵摧毀者。由於火象星座代表的是占星學裡的三種最單純的特質，所以牡羊座、獅子座、射手座也象徵著三種基本的能量類型。由此我們可以假設，土星落在牡羊座或一宮代表的是了解和發展意志力，或是一種帶有目的性的行動；土星落在獅子座或五宮代表的是了解和發展創造力，或是一種帶有目的性的愛；土星落在射手座或九宮代表的是了解和發展直觀力及智慧。這些似乎是對土星落火元素較深層的定義，但它們的確符合火元素所象徵的洞悉生命目的之機會。

土星落入牡羊座或一宮

一宮代表的是一個人的身體，以及他的人格和外在環境連結的部分，從更深的角度來看，或許也代表他所吸引來的經驗；這些經驗可以幫助他模塑和發展出一種掌理人生的自覺意識。第一宮有兩種能量流動的方式，藉由這個透鏡此人會經驗到外在環境，他自己的特質也會藉由這個透鏡被外界看到。無論一個人的星盤裡有哪些要素，他都必須藉由一宮的受限特質，尤其是上升星座的特質，和外界具體地互動。四交點也和這種向內及向外的能量流動有關，但是在四交點中最帶有個人性、能量最明顯的，應該就是上升點了。整個一宮都和一個人的外在表現有關，而且是以刻意的態度展現出來的。不論一個人與生俱來的特質是什麼，他都得藉由身體和身體的類型向外展現自己。上升點和一宮與榮格的人格面具概念有關，如果想讓這個媒介變得正向而有效，就必須讓它和精神裡的潛意識需求達成一致。

這種「人格面具」的概念，多少能讓我們洞悉到上升點帶有一種「面具」的意味，亦即與此人的內在眞相沒有多大關聯。如同希臘悲劇演員所戴的面具一樣，人格面具乃是一個人向外界表述出來的自己；透過這個刻意培養的精神面向，他會按照多年發展出來的態度，向外界宣告他的角色。人格面具就像上升點一樣不容易被意識到，除非此人已經成熟到某種程度。理想上，這種角色應該是此人最佳和最有效的面向，而且這張面具也不能戴得太緊，如此才不致於過度認同它。人格面具應該是一個人渴望變成或逐漸發展成的狀態，不該是一種自動化的表現方式。第一宮其實是最沒有固定形貌的宮位，因爲它一直處在改變的過程中。

根據人格面具力量的強弱、是不是變得太固化或者仍然有伸縮性，就可以看出一個人能否在不易保持穩定的某個平衡點上立足。這個平衡點就介於他的外在環境和他潛意識的動機之間。如果太傾向於任何一面，都會引起另一面的反彈。他是被這兩面的張力逼到了居中的平衡點。如果他開始認同自己所選擇的角色，往往會變得固化，然後就會被精神裡隱藏著危險的那一面所擺佈。如果他忽略了外在世界，企圖縮回到內在的陰影面，則會被外在環境左右。從這個觀點來看，上升點之所以重要，是因爲它的發展必須和整張星盤的內在方向，維持著一種細膩的平衡性，然後此人才能保持內在的平衡。

當我們在考量土星落一宮的影響時，必須先考慮占星學對一宮和上升點的傳統詮釋。土星一般被認爲和世俗價值及固化傾向有關，這意味著土星落一宮最常見的效應如果不加以覺察，就會使一個人過度認同自己的人格面具，繼而導致情緒容易受外界影響，而且很難向外表現出內心的眞相。人格面具變成了一個很難拆掉的監獄，此人可能在其中逐漸窒息而死。

土星落牡羊座或一宮主要會出現的問題，通常是缺乏正向的果決力。這類人往往會強化自己的意志來掌控外在環境；他們不太能展現自發和自信的果決力，反而會先攻擊別人以保護自己，因爲他們很怕遭到攻擊。有時這種掌控的需求，也可能以隱微或不直接的方式表現出來；這種操控的方式比較不帶有攻擊性。需求和恐懼經常同時出現在土星式的性格特質裡。土星落一宮比落其他任何宮位，都容易顯現出害羞和不自在的態度，雖然這類人還是能逐漸培養出圓融、洗練及沉著的態度。

土星與上升點合相也會帶來困難的出生情況，包括心理上根本不願意誕生到這個世界。因此我們可以合理地假設，土星落一宮的人天生不願意把自己的眞相向外展露出來。

這類人從小就覺得涉世太深是要付出很高代價的，而且有一種基本的弱點，導致他要不是過於認同、就是不太認同他的人格面具。他知道自己對外界的攻擊和掌控很敏感，而且會有很長一段時間以各種方式保護自己，以防別人發現他內在的脆弱面。這類人有強烈的懷疑心和很低的自信心，會透過一道無形的圍牆去觀察別人；這道牆有效地阻隔了外界對他的影響。他也可能得慢性病，特別是在尚未學會從人生的競技場退回到內心的童年時期。他十分缺乏自信，因此認同的比較是自己的人格面具而非全我；由於他的退縮傾向，導致他無法和精神根源連結，所以顯得缺乏生命力和冷淡無味。

土星落在牡羊座是它失勢的位置，從這一點我們可以化約地推論這個位置對土星而言是困難的，也是一個人不容易承受的。或許它最困難的一面就是無法讓內外的能量自然地交流，結果是擱淺在精神裡某個乾枯的區塊，很難被他人觸及，也無法接觸到能夠讓他勇敢面對外界的內在意義和目的。但是我傾向於相信落在失勢位置的行星，尤其是土星，也可以爲一個有毅力有覺知的人帶來一把鑰匙，使他更深刻地認識這個行星的意義，並且更清楚它所象徵的作用力。理由是落在失勢位置的行星必須掙扎奮鬥，因此若是能仔細地加以照料、發展出洞見，這份掙扎就會讓此人逐漸拓寬對這個領域的覺知。土星落在牡羊座這個失勢的位置，特別容易喪失勇氣和自信心，所以這類人必須勇敢地面對人生的問題。他們最渴望的其實是自由、領先、探索未知的領域、面對未知的挑戰，發現他的存在足以達成靈魂的目的。土星落牡羊座或一宮的人只要付出努力，就可能擁有這份自由。土星落一宮也會像落在其他的位置一樣，帶來過度彌補的作用力，結果是產生兩種不同的反應，一是徹底經驗人生、面對挑戰，另一個則是害怕受傷、被掌控，或是被充滿惡意的外在力量摧毀。這類人會不停地抹煞自己以避免掙扎，同時也可能避開需要他展現力量、攻擊性、直接面對困難的情況。他通常很難展現憤怒，似乎沒什麼脾氣，但卻會對身體造成壓力，因爲這股焦躁的能量會向內對付自己。這個土星的位置和偏頭痛之類的心身症有關，而這種症狀又跟未表達出來的挫敗感有關。土星的這種自我抹煞傾向並不是眞正的謙卑，比較是一種害怕與人起爭執的恐懼，因爲總覺得自己會輸。這類人十分強調「無私」，這是土星落牡羊座或一宮的人最喜歡的論調。但是做個無私的人首先得擁有給得出去的自我，而這類人一開始就不接受或不表現出這個自我，因此他們必須與內在達成和解。

土星落一宮的人時常覺得自己無法擁有眞正想要的東西，人生似乎永遠在阻礙他達成自己的慾望。這多半是因爲他根本不要求什麼，或者就算他要求了，內心也不眞的覺得自己值得擁有那個東西。他們很怕運用意志，也很怕意志本身，而且經常把別人投射成自私或意志力過強的人。當他們與人格裡的這個陰暗有力的面向和解時——土星落一宮的人如果願意承認和面對它的話，天生就帶有強大的意志力——通常會發現他的挫敗感使他學會了控制慾望，而將人格模塑成一個更好用的工具。雖然土星落牡羊座是失勢位置，而火星落魔羯座是強勢位置，事實上這兩股能量是相似的，它們都代表清晰的目的性、操縱自如的意志力，因此土星落一宮也帶有這些正向特質，

土星落一宮的能量也可能以相反的、比較富攻擊性的方式表現出來。乍看之下這類人和典型的火象人幾乎沒什麼差別，因爲沒有人比他們更外向，更準備好要掌控眼前的情況。他們採用的方式可能是隱微地估量好情況，也可能是強迫性地運用力量。這類人的哲學是「最佳的防禦就是攻擊」，因爲他們還不明白人是可以控制自己的，所以不需要去控制其他的人。再貼近一點地觀察，你會發現他們比起那些自我抹煞型的兄弟們，同樣有害羞和不自在的本質。他們會發現自己同樣很難徹底參與社會，也無法像典型的火象人那樣體驗到豐富和淋漓盡致的人生。

每個人都擁有意志力，但是只有在自知之明和自我控制能力成熟時，才懂得善用自己的意志。大部分的人所感受到的對無常的恐懼，多半和無法意識到精神底端的豐富性有關。當人們面對自己的無力感時，都會有一股不對勁的感覺。但一個達成某種程度的精神整合的人，往往比較有面對人生的能力，因爲他已經覺知到更廣義的人生目的，也比較能意識到自己的內在力量，所以能運用這股力量來模塑自己的生命。土星落入牡羊座或一宮首先會強調對無力感的恐懼，因爲它會讓人執著於人格比較表層的特質，而無

法與更豐富的內我連結。但是這份恐懼會逐漸刺激這個人，促使他深入地探索自己的身分認同。土星落在身分認同的宮位，與這種追尋是緊密相連的，而這會促使一個人追求更多的知識、更徹底的整合，以及更富建設性地運用意志力。

土星落入獅子座或五宮

第五宮的內容包含了享受和娛樂、愛情、孩子、創造力及自我表現，還有投資和投機。對於一個小小的世俗宮位而言，這些內容可以說是相當豐富了。由於此宮是太陽這個代表自我的行星所主宰的，因此我們可以將其看成一個人的自我表現領域。他在這個領域裡可以展現完整和獨特的自己，也可以透過感覺、慾望、觀念及活動來表現核心自我，而且完全不需要妥協和喪失本色，或是因此而受到阻礙。此宮是一個人的身分認同宮位，透過此宮的活動他可以藉由創造性的自我表現，來了解身分認同的意義。獅子座和五宮與受人賞視及肯定自己有關，我們也可以把這個宮位詮釋成愛的領域，但是更適合被稱爲浪漫愛情的宮位。因爲在愛情裡面，人可以毫無顧忌地表現或投射他的身分認同；藉由這種愛的體驗，他或許能瞥見自己的內在核心。愛和大我都是生命的原型，但這兩者很難在星盤裡加以識別；只有從我們接觸和表現它們的方式，才能看出其本質，而它們都和五宮有關。

第五宮就像一宮和九宮一樣與直覺力相關，也和全我的完整性、生命的目的攸關。藉由牡羊座的表現，一個人可以透過他和外在環境的互動，直觀到自己的生命目的；藉由獅子座的表現，他可以透過自己的創作反觀自我，並且直觀到自己的完整性。這種反觀力最終會使一個人體驗到獨特和完整的大我，但卻不能透過智力來達成這個目的。否則這整件事就會變成無意義的概念，因爲概念只會在此人和他所經驗的自己之間造成藩籬。藉由一種創造性的活動，他才能直覺地做自己，而這種心理經驗的重要性是不該被低估的。這便是創造背後的動機。

人們經常把獅子座的人格特質描繪成自我中心和自大。更正確的說法應該是，他們是在自己的核心部分尋找自我，結果是他們所做的每件事對自己而言都很重要，因爲在這些活動裡，他們感覺到一種能夠直接體驗自己的可能性。與其批判他們喜歡誇大自己的重要性，不如認清除非一個人發現了自己是誰，以及自己是什麼，否則是無法意識到核心價値的。人們是透過第五宮開始瞥見了自己的獨特性。這種表現不一定是藝術創造活動，雖然這是自我表現比較直接的形式。每個人都可以在生命的某個領域裡找到自己的重要性，方式是藉由暢然無阻的自我表現來達成，包括藝術活動、心智活動、情感的表達，或是藉著生孩子來展現這股創造力。

這意味傳統的養兒育女觀念必須進一步地加以檢視。前半段的創造過程達成之後——

小孩已經生下來了——後半段的創造會顯現在孩子的教育，以及創造者本身的自我認知上面，但是這需要某種程度的謙虛，而親子關係往往缺乏這樣的品質。在我們的社會裡，父母經常把孩子當成替代品，要他們活出自己不被允許表現的特質。父母不但無法提供孩子自我認識的方法，甚至把孩子當成了可以模塑的器皿。當我們意識到是誰在創造時，創造的活動就能帶來更深的自我認識，而這會涉及一種賭博，因爲創造者可能基於自大而扭曲了認知；把自己的意圖注入任何一幅畫或樂章裡面；最後變成不是爲了觀衆的享受，是爲了擴張自己的意識而創造，雖然觀衆也是這場煉金之旅的一部分。這種觀點似乎有點難懂，但我們的確喜歡隨便抛出神愛子民、藝術家尋求不朽性之類的概念，事實上根本不知道自己在說什麼。因此我們必須深思一下創造的活動到底是什麼，它在心理上有什麼重要性，如此才能徹底了解土星落五宮的意義。

土星落在獅子座或五宮裡，會暫時造成一個人自我認識上的障礙，因爲他不允許自己去覺知陰影層裡面的東西。他的創造力是受阻的，即使是沒有阻礙，也會障蔽住自知之明的發展。向外湧出的創造力和內在的轉化往往會被打斷，而此人會因爲自己的不自在感，誤以爲付出的能量沒有任何收穫。事實上，這跟外在的觀衆毫無關係。這種傾向不但會投射到創造性的表現上面，也會在浪漫愛情上面造成影響。土星落五宮的人很難在創作裡找到自己，因爲他從別人身上得到的肯定太少了。這種人是典型不被愛的小孩，小時候不是被忽略，就是被當成了父母的延伸物，因爲他自己的身分認同和重要性，不知怎地被所謂的親子之愛吞沒了。土星落五宮的小孩很少因爲自己的獨特性而受父母寵愛，他們的父母愛的是自己心目中的孩子。這些人從未體驗過自我重要感，所以成年後會很努力爭取外在的肯定，這麼一來就很難與自己的重要性連結了。土星落獅子座或五宮裡的小孩，長大之後會有一種強烈的不自在和不重要的感覺，無論他有多高的能力或才華都一樣。

這個土星的位置也可能使人不想或無法生小孩，或者小孩會帶來沉重的負擔和痛苦。這是傳統對土星落五宮的解釋。這類人可能無法愛自己，也不了解自己的價值，同時又很怕別人覺得他不值得愛。受制於內心的自卑感，他可能會嫉妒或嫌惡別人，從而遭到別人的排拒。這類人會顯得僵固和不自然；你會有一種感覺，好像他永遠看著自我在監督自己，而且很難放鬆下來。他不斷想透過別人的關愛眼神，來瞥見自己的價值，然而這種努力通常是是失敗的，因爲他逼得太緊了一點，反倒把那些本來可以幫助他的人異化了。他的失望可能會透過幾種管道釋放出來，心碎是其中之一的表現，裡面埋藏著無法自愛、無法認清自己的重要性，也找不到能夠帶來穩定性和意義的內在中心點。

土星落五宮一向有冷漠無情的不良名聲，但這是土星本來就有的特質，所以不該把此種說法太當眞。許多人都會掩飾自己的脆弱易感，而顯示出無情冷漠的態度。在這種虛飾出來的狀態底端，有一個不了解自己的重要性的小孩。這類人會顯現出強烈的自私傾向，而且急切地想得到讚美和重要感，渴望被人羨慕和讚賞。羨妒是這類人最容易有的反應，由於無法找到自己的中心點，所以會憎惡別人的生命價值。他們最羨慕的就是別人能毫不費力地得到愛、友誼和溫情，而無須努力發展出某種技藝或臨駕於他人之上。沒有人像土星落五宮的人這麼渴望受人歡迎，也沒有人像他這樣因爲不被人接受而心碎和瓦解。土星落在太陽主宰的星座或宮位上面是一個尷尬的位置，其中的挑戰也很難面對，因爲此人必須找到內在的中心點和身分認同，不再認同環繞於外圍的那些標誌；缺少了那些標誌，此人會覺得怯懦和赤裸。但是這種挑戰是很重要的，因爲他若是能找到內在的中心點，把焦點從自我轉向更富有意義的內我，便可能重拾童年的天眞和喜樂。這份喜樂是源自於對生命的信賴，對宇宙本有之愛的信任。一旦能找到身分認同的奧祕，他就不會再喪失它了，而獅子座原有的自尊自重和敞亮活潑的特質，就會變成他固定的表現。如此一來他就無須再仰賴別人的重視，因爲他終於認可了自己。這份與內我連結的經驗，也會激起別人同樣的反應：重拾童話裡的英雄與生俱足的活力、喜樂和誠實的天性。由於這並不是一種退化的作用力，所以這樣的喜樂是清明的。達成這種境界的人可以把信賴、自然的尊嚴感、細微的辨識力和老練的應對能力，融合到整個人格裡。土星落五宮帶來的挑戰和機會，的確能抵銷它所造成的痛苦和孤獨。

土星落五宮會帶來一種有趣的組合，讓一個人既顯現出自我膨脹和自大，又帶有一種削弱自信心的害羞傾向。這類人既高估也低估自己，總是很難清明地覺知自己的眞相；結果是他也無法清楚地看別人，因爲他永遠會把自己的評估投射到別人身上，而導致情感上的困難。他通常很難自在地流露出溫暖和熱情，同時又無法忍受被人忽略。他會過度誇大忠誠和榮耀的重要性，以此來固化和制約別人的愛，方式是強調行爲的規範和形式。這類人尋求的是讚美與認可，不是誠摯的愛，所以往往會從事娛樂業的工作。獅子座通常不需要從別人那裡得到上述的回應，他只是存在著，這樣就夠了。土星落獅子座卻看不到這個「我」，所以必須在別人的掌聲裡尋找它。

土星落獅子座或五宮似乎代表精神的重點是自我了悟，也就是榮格所說的「個體化」，而且不允許人格在平常的活動裡尋找慰藉，因此能夠爲一般父母帶來目標和意義的下一代，往往令這類人感到失望，甚至無法擁有子嗣。他們的浪漫愛情也鮮少符合理想，因爲愛人的眼睛不知怎地就是無法反映出他們所渴望的自我價值。創造性的表現似乎也不能滿足他們，而且很難達成目標。最後他們只好向內尋找自己，因爲其他的手段都失敗了。這其實是他們自己設計出來的一條道路，因此若是能在失望的底端找到人生的意義和目的，就能發展出智慧，掌握住成長的機會。

這個位置的土星也會帶來過度彌補的作用力。土星落五宮的人也有許多從未認眞看待過人生，雖然他們對愛的議題比任何人都來得敏感、認眞和容易被觸犯。由於害怕遭到排拒和忽略，所以他們會執著於忠貞、責任等等的觀念，雖然意識不到這份執著。他們需要某種結構來保證自己得到的愛是足夠的，不幸的是，無論建立多少結構，他們仍舊不信任。即使裝出不在乎的模樣，也瞞不過那些明眼人，但是他們仍然會自欺下去。這類人的需求和沉鬱是遮掩不住的，而且會因此深受傷害。

如果不在內心裡下功夫，那麼土星落五宮可以說是令人相當不愉快的位置；土星只要和太陽碰在一起，就會帶來一種負擔，包括星座、相位和宮位在內。這所有的組合都跟「發現內我」有關，而整個過程是痛苦的，因爲必須將面紗扯掉。童年時我們被教導要認同自己的感覺、信念、銀行存款、才華、愛人或子女，但就是沒有被教會認同自己。土星落五宮的人因爲對別人索求無度，所以導致了心碎和孤獨。他們其實有能力付出愛，卻不敢在不求回報的情形下將其表現出來；只有當他們覺知到無意識裡的交易傾向之後，才能從其中解脫出來。我們都很熟悉希特勒的誇大狂，他的土星就是落在獅子座、與天頂合相。一般有土星落獅子座或五宮的人，雖然沒有像希特勒那樣的征服世界的野心，但仍然渴望得到重要性和認同。他們同時帶有一種明顯的害羞傾向，使得他們在舞台的側邊靜靜等待著，期望有一天能成爲衆人崇拜和矚目的主角。若是不能達到這個目標，他們就可能變成家中的暴君或是有疑病症的人。

土星落五宮的人有時並不容易被愛，因爲他們像個無底罐一般，永不知足地需要關愛；如果他們開始了解自己的道路是要向內探尋，就會發現土星提供了他們一種機會。由於這類人的心是封閉的，所以無法體悟到每個當下都有喜樂和意義。雖然這種說法聽起來像是神祕主義者的洞見，其實是心理上的一種事實，而且可以採用某些心理技法，加上自我洞察和耐性，來加速這種境界的出現。由於內我本來就是完整的，因此這類人不需要再做什麼努力，只要發展出這種洞見就夠了。我們可以從許多童話和神話故事，觀察到這股內在的動力；它就像火龍守護的珍寶，或是公主的戒指上的那顆珍珠。對土星落獅子座或五宮的人來說，人生的使命就是要找到那顆珍珠，因爲其他的東西都不能帶來眞正的滿足。

土星落入射手座或九宮

第九宮是一個代表長途旅行的宮位，包括身體上的旅行，以及拓寬視野、增加覺知的內心之旅。在這種傳統的基本詮釋裡，你可以淸楚地看到雙子座與射手座，三宮與九宮的對立性，因爲三宮的活動與水星的資訊擷取有關，九宮的活動則跟木星的探索意義有關。當我們深入地認識資訊時，背後的意義就會浮現，這便是我們所謂的心智認知作用的一體兩面。

根據傳統的定義，九宮也代表律法。如同身心的兩種旅程一樣，這裡所謂的律法也有兩種類別。人爲的法律和社會規範有關，爲的是讓社會朝著最正向的方式去發展，以及提供人民最大的保障。精神性的律法比較不爲人所熟知，因爲它只能藉由人類的行爲反映出來；以心理學的術語來解釋，可以稱其爲榮格所說的「原型」。這些律法是與生俱來的，不是後來的產物；以奧祕占星學的說法，它們其實是生命存在的理由。不幸的是，除了現代心理學的發現之外，我們只知道神學裡稱這種原型模式爲神的意志，而且是根據特定的教條或意識型態來詮釋這種意志。有關律法的整個議題，無論是自然本俱的模式，還是人爲的道德規範，或是更曖昧難解的一般生命模式，都不能以片語隻字來膚淺地定義；很可能根本沒有貼切的定義。因此，九宮基本上是一個不容易解釋的次元，因爲它和直覺有關，也和我們對存在及意識的律法的直觀認知有關；若想了解此宮，就必須運用到直觀力。九宮不但使我們領會到人性的完整模式，也讓我們看到生命背後的意義。雖然它被傳統視爲弱勢的終止宮，卻是思想和生命意義的誕生地。九宮裡發展出來的認知，會藉由天頂和十宮體現出來。

深究此宮的象徵符號，你會發現裡面帶有射手座的雙重意義。無論是人、事物或經驗，射手座都不會從表面的現象來觀察；它象徵著更寬廣更根本的經驗或原型。這種從大處看到細部，從微不足道的事物中找到宇宙性的意義，乃是木星、射手座及九宮的基本特質。木星象徵的是直觀力，榮格將這種意識的作用力解釋成——在不需要分析的情況下，立即看到一個人、東西或經驗背後完整的宏觀意義。這是用一種現代化的方式，來詮釋古老的赫密士祕教裡所謂的「上下呼應法則」（譯註：也可譯爲「上下一致法則」）——這個法則經常被誤用，但仍然能表達出一種複雜的意涵。

我們現在已經知道九宮和直觀力以及對意義的覺知有關，也和宗教及哲學相關。在一個人的星盤裡，九宮通常代表他可能會踏上的「道途」，以及這個道途的特質——無論是朝著個體化或意識擴張的方向發展，或是朝著奧祕教誨裡所說的開悟的方向發展。可能這兩種途徑根本是連在一起的，雖然名相和觀點有所差異；在此我們看到了九宮的雙面性，因爲心理學和神祕學一般被看成是兩個極端，在九宮裡它們卻都代表對意義的追尋。

透過此宮和射手座，土星會深切地影響一個人的人生觀，以及對意義的追尋。不論我們把土星和一個人的陰影面、無意識裡的捉狹鬼相連，或是和奧祕教誨所說的惡魔相連，它落在第九宮都會按照一貫的制約、過度彌補傾向、幻滅和痛苦的路線來發展，最終則會去追尋內在的了悟和自制力。土星爲九宮帶來的痛苦往往是喪失信仰。這類人尋求的多半是靈性架構和道德觀，藉此來獲得生命的結構和意義。土星在此宮提供的機會，似乎是要一個人直接體悟精神的完整性和意義。套句深層心理學的話，就是所謂的「高峰經驗」。這種經驗也是榮格所說的「個體化」的目標，深層心理學所謂的後期的發展目標，同時也是冥想和瑜伽的某些派別要達成的境界。不論一個人擁有的是靈光乍現的悟境，還是長時間的小悟累積成的大悟，土星落九宮都代表可能會有這一類的體悟。但這不意味只有土星落九宮或射手座的人，才可能有這種體悟或洞見；雖然如此，那些有土星落射手座或九宮的人，或是有土星與木星相位的人，仍然比其他人更渴望追求這種洞見。我們可以說這類人更急於找到精神性的終極目標，因爲他們會覺得膚淺的價值和神學的解釋是不夠的。土星落九宮的人渴望的是直接體悟到我們所謂的神。

土星在此如往常一樣也會掩飾自己。他最喜歡的掩飾方式之一，就是什麼都不信。這種衝動的無神論或不可知論，鮮少是邏輯分析的結果，比較是一種現實或務實的人格特質；帶有一種恐懼和叛逆性，反叛的對象是具有抽象特質的觀念。這種傾向和早期受到的教條主義式教育，以及隨之而生的幻滅感有關。土星落九宮的人有強烈的正義感，而且對人類的境遇十分關注，但也可能有抑鬱傾向或是缺乏希望，尤其是對未來的希望。這類人很難與他的全我連結，因此會有一種無意義感以及對未來的恐懼。土星落九宮的人會覺得別人對生命及正義法則的詮釋，是無法滿足他們的，而且很難接受現實或精神層面的權威，因爲他們早期在權威身上遭到過幻滅；通常是土星帶來幻滅和重建過程中的初階。如果此人能持續地成長，發展出他對存在意義的洞見，就會找到更直接更重要的權威；他自己。

土星落九宮似乎跟早期受到教條式的宗教教誨有關。這種教育往往會導致幻滅。這類人會執著於他們的價值觀，把內在的信仰固化成外在的儀式或結構。這些東西會變成此人精神上的安全保障。他會仰賴這種結構來獲得意義，而無法發展出自己的洞見。他生命中的權威——不論是教會或是他的父親——提供了他一種方程式，要他依循其中的原則來模塑自己的人生。這些權威會期望他毫不遲疑地依循這些法則，所以無法激發他向內追尋，促使他藉由自己的權威之見來體悟生命的法則。別人誠懇但狹窄的觀點變成了他的見解，於是他就被鎖進一個狹窄的監獄裡。這些見解最後還是會令他失望，因爲它們和他的主觀經驗不符。他從而被抛回到自己的源頭，開始學著建構另一種人生信念。

土星似乎和我們西方宗教的特質比較相近，至少和它的某個面向或詮釋很接近——尤其是天主教、摩門教和猶太教。但我並不是在批評這些宗教，因爲這些宗教的外在形式都是人創造出來的，爲的是滿足某些內在的需求和觀點，而任何一種創造出來的形式，在某段時間裡都是必要的。當這些東西開始固化以後，那個宗教途徑就會出問題；問題多半是源自於良善但缺乏構思力的詮釋。土星落九宮並不意味此人的信仰有什麼根本性的錯誤，只是他對信仰的詮釋某種程度上太固著了；形式取代了它原先的作用。土星導向的宗教信仰強調的是法則、結構、罪惡、懲罰以及神的不可思議意志，因此不太重視內在的意義，或是個人的成長、本質和生命本身。出問題的就是這種帶有父權傾向的詮釋方式。童年浸淫在土星式的道德觀和信念之中，會製造出嚴重的罪惡感。這會讓一個人懷疑他自己沒有權力決定人生的內在意義；這會阻礙成長，所以帶有一種破壞性。驅使土星落九宮的人深入於哲學或心理學領域的，往往是一把刺棒，但只有這樣他才能找到存在之謎的解答。土星落九宮的監牢是經由失去希望和信仰、無法找到內在的意義而建立起來的。土星藉由否定一個人對希望的基本需求，來幫助他在沒有團體、教條、指導者和上師的情況下，靠自己去發現他所需要的人生經驗。只有直接體驗人生，才能帶來滿足；土星落九宮提供了這樣的機會。

土星的整個僞裝方式，都可以從它落入九宮的這個領域裡觀察出來：從理性思考者的懷疑主義，到宗教狂熱份子的狹隘視野，到態度實際的玄學家的探究，到爲了拾回信仰寧願輕信的善良而糊塗的傻勁。在這所有的習性背後，埋藏著一股想直接體驗神的需求，以及想靠自己直接追求知識的渴望，因爲這樣才能徹底明瞭人類的存在較爲曖昧難懂的部分。這種需求遠遠超過「與法律起衝突」的傾向，雖然土星落九宮的特質也包含後者在內。這意味著此人的內在信念和信仰與外在環境加諸他的標誌，是衝突矛盾的。土星在本命盤裡的位置，永遠暗示著內在價值與外在意見之間的掙扎，而土星落九宮的掙扎通常會出現在觀念的層面上。當觀念加上了情感的價值之後，就會變成一種理想。

射手座必須有理想才能活下去；缺少了夢想或願景，他甚至無法找到可以聚焦的起點。那些九宮被強化的人也有同樣的情況，土星落九宮的人更是如此。這類人必須有一個可以活下去的理想，但是他得先了解這份理想背後的概念是什麼。通常這個概念是超越情緒性的渴望的，而且是一種更純粹的直觀產物。缺少了這種直接的體悟，他會喪失希望，而陷入土星落九宮帶來的典型抑鬱傾向；他也可能藉由過度彌補的表現來逃避問題。

土星落九宮的人經常被描述成具有深刻的洞悉力，其中比較覺醒的人則會將這種特質某種程度地表現出來。這類人最終都會發展出此種能力，但過程是漫長迂迴的，而且只有在他體驗了對立的那一面之後，才能擺脫土星帶來的物化效應，找到宏觀議題上的某些非常有價值的答案；不過他必須在沒有助力的情況下，靠自已找到它們。土星不能忍受其他人的權威性。

土星落九宮的人會發現他必須成爲自己的神父、教皇和救贖者，因爲所有的道德、倫理及價值都在他的心中。他必須帶著高度的警覺性，在二元對立的鋼索上行走，因爲他最後會發現，所有的道德、倫理和價值都是相對的，宇宙萬物的顯化根本上全是合乎道德的。但這裡的道德有著截然不同的意義。一旦發現所有的理想和概念都是相對的，他仍然得負起責任，以促進整體人類成長的方式去行動。這類人一方面懷著一種晦暗的無目的感，這種無目的感與放棄夢想肩並肩地存在著；另一方面又得無止境地和象徵權威的事物對抗。當他們成功地走完鋼索之後，就會體驗到射手座最容易表現出來的特質：喜樂。

〔第五章〕

本命盤的土星相位

早期的占星學習慣把三百六十度的圓周劃分成不同的等分，如果是三個等分，代表的就是和諧與完美，而延伸出來的其他相位，通常也被視爲「好」相位；如果是劃分成兩個等分，代表的就是不平衡或分離，延伸出來的其他相位，也往往被視爲「壞」相位。舊有的教科書也提到過嚴重受損或有害的相位，尤其是行星和土星形成四分相或對分相。近年來這種詮釋方式已經被更成熟的觀點取代了，因爲沒有一種能量天生是好或壞的。行星代表的各種心理作用力，都有它的重要性，至於是運用到建設性或破壞性的方向，就看個人的決定了。在模塑一個人的精神上面，本命盤的所有相位皆有其功用，雖然某些相位需要付出多一點的努力，才能達成一種整合。這些緊張相位也可能帶來內在的波動，但是促成意識的成長與發展的，通常也是它們。好相位比較能帶來美好的觀點；這類人會覺得人生要達成的就是快樂、舒適和安全，但也有一些人比較喜歡藉由內在的衝突造成的驅力，來面對更大的挑戰，獲得更多的成長。最後你會發現，重要的是兩個行星必須有相位，因爲任何一種相位都會帶來進一步的整合機會。中古世紀的占星學裡充斥著古老的宇宙觀，這類觀點至今仍然影響著許多人，譬如神和魔都想爭取地球的掌控權，人類只能在這兩股力量之間掙扎。如果從心理學的角度來看神和魔，通常會把它們視爲個人內在而非外在的兩股力量，它們並不是永遠的敵人，只是所謂的自我的兩個面向。從占星學的角度來看，我們可以說這兩個面向就是太陽和土星。

相位本身並不會改變涉及的兩個行星的原始能量，它只能顯示出兩個行星能否輕鬆地統合成完整的精神能量。星盤裡的每個要素都必須和其他要素維持細膩的平衡性，而一個人對自己的理解程度，就在於他能否有效地運用這些要素，將它們調合在一起來達成他的生命目的。沒有任何要素是多餘的，沒有任何符號是「壞的」或「不幸的」，最不幸的就是忽略了全我的價值，把一個完整的東西切成了碎片，然後又否定這些碎片的價值，只因爲無法將它們融合成一體。人們通常會以這種態度面對他的土星能量，因爲土星和他不想憶起的歷史或心理經驗有關。同時他也會把這些東西投射到別人身上，認爲別人才是造成他不幸的犯錯者。土星大部分的相位尤其是四分相，都會被我們投射到外面，好像這個四分相帶來的衝突和波動，都是外在因素造成的。我們越是想排除這些干擾，彈回來的速度就越快。

因此，土星不論形成的是合相、四分相、三分相、對分相，甚至五分相，基本上仍然帶有土星的特質。因爲土星的作用力就是要帶來成長，而只有挫折和痛苦可以有效地刺激一個人成長。星盤裡土星的所有相位都可以看成是沉重的十字架，一種會帶來挫折、侷限和損失的嚴重受挫能量，而且必須忍耐和承受，因爲它是無法改變的。反之，我們也可以把土星的相位看成是成長的機會，每個被它觸及的行星都可能展現出更深、更豐富、更有意義的面貌。它會要求我們重新評估，更深地去看價值議題，並且要小心地淘汰掉那些別人加諸在我們身上的價值。這個過程是很痛苦的，因爲土星的相位不允許我們走捷徑。那些有土星呈困難相位的人，才有更大的機會找到生命的目的和意義，因爲他們被迫去尋找內在而非外在的價值。對那些喜歡輕鬆掠過生命經驗的人，我們很難讓他們明白徹底經驗生命，只會讓人生變得更豐富一些；但是對那些渴望活出完整性的人而言，則沒有任何能量比土星的困難相位更能帶來幫助了。

土星與太陽的相位

太陽和土星可以看成是心理上的兩個相反面向，它們組合起來就形成了我們所謂的「個性」。在神話裡，自我及其陰影面的作用力，時常會以英雄及其信賴的夥伴來象徵，譬如鐵修斯（Theseus）和皮里希奧斯（Pirithous）的關係；也可能是英雄及其宿敵的關係——其實就是他自己，著名的例子有帕爾西法（Parsifal）和紅騎士（Red Knight）的對立，最後帕爾西法披上了紅騎士的盔甲。太陽和土星象徵著必須統合到個人意識裡的兩股作用力，但是人類的心智並不習慣平等地看待對立的兩面，而且很難相信由土星象徵的陰影面，就是他發現太陽完整潛力的管道。

在諾斯提教誨裡面，耶穌和撒旦都是上帝的孿生子，他們在宇宙的顯化和結構裡，扮演著同等重要的角色。他們就是生命及精神的光明與黑暗面，但是不代表我們一般所認爲的善惡法則。在本命盤裡，太陽一向是跟土星對立的要素，無論有沒有相位都一樣。星盤的主人必須發現它們是自己的兩個面向；但只有站在中央的位置而非站在自我的這一邊，才能平等地看待它們。太陽落入的宮位、星座、形成的相位與土星之間的關係，可以看成是對立與互補的力量，而且代表一個人的發展歷程中，出現必要的危機或重新調整方向的轉捩點。當太陽和土星形成相位時，這種整合的過程會加速，而且會帶來一種緊迫性，因此感覺上更困難一些。人的精神似乎會傾向於達成一種完整和果決性，星盤裡如果有太土相位的話，代表此人比較有機會整合他的人格，讓人格變成臻至完善境界的工具。

有太土相位的人通常會以硬碰硬的方式面對人生，因爲自小就發現必須付出努力才能達成己願。無論此人有多麼外向或不在乎，只要有太土的相位，就會表現出一種自制力和自我控制的特質；他們的性格帶有刻意的成分，而且有自我保護傾向，這意味著他們必須對抗生命的挑戰，才不會被外在的打擊整垮。有太土相位的人比別人更能意識到責任，甚至到不利於自我表現的程度，因爲他根本沒有機會當小孩；他從未學會以天眞的態度信賴生命。如果太陽是落在土星主宰的星座上面，土星是落在太陽主宰的星座上，或者太陽是落在十宮裡、土星落在五宮裡，都會顯現出一股強烈的果斷力。這些行星位置在詮釋上略有不同，但是都帶有果斷的特質。這類人必須靠自己努力地創造出一些東西，找到自己的身分認同。別人接受的東西不可避免地會令他們失望。

有太土相位的人經常是很成功的，雖然他們鮮少在土星回歸本位之前達成自己想要的成就。不過，有太土相位的人也可能是極端失敗的人。這個相位經常出現在有酒癮之人的星盤裡，特別是對立相位。當這兩個行星形成緊密相位時，此人要不是野心勃勃，就是沒有任何野心。後面的表現方式是土星典型的特質之一，因爲他會用這種方式逃避失敗帶來的痛苦。這類人可能會排除萬難以達成自己的目標，也可能屈服於一連串的障礙，甚至無意識地誇大它們，來合理化自己的失敗。太土型的人不論選擇怎樣的表現方式，最後仍然有機會活出他最重視的價值。他終究會成爲命運的主宰，但即使達成了目標，他仍然不會感到滿足，因爲他追求的其實是內在的力量和自信心。他重視的是一種整合的、輪廓清晰的身分認同。如果他不接受土星的相位帶來的機會，他的失敗就會大過於物質層面的挫折，而且很難長時間承受下去。

早期的環境制約對這類人而言也是很難承受的，即使是和諧相位也一樣。土星首先影響的就是與父親的關係，可能是對父親感到失望。父親往往會展現出冷淡或排斥的態度，或者總是強調責任義務、形式以及物質層面的價值。有時父親也很有愛心，態度友善，但性格比較懦弱，令家人感到失望，因爲他無法扮演孩子的保護者的角色。他也可能因爲健康不佳而給家人帶來負擔。這兩種情況都可能出現，因爲土星相位的表現方式一向曖昧不明。這類相位背後的意義通常很近似：此人必須創造出自已陽性的一面，一種帶著清晰覺知的身分認同，因爲他無法藉由自己的父親來得到它。

太土的相位導致的父子關係的挫折，在親密關係裡也有重要的影響力，尤其是對女人。因爲女人和父親的關係如果是失敗的，或是令她失望的，那麼她和男人以及自己陽性面的關係就會受到影響。她可能會對男人有敵意，而且會公開地表現出來；或者她會把這股敵意埋藏在心裡，只表現出直覺和感性的一面，而她的意志力和陽性面向，則會藉由像父親一樣的伴侶表現出來。這類相位展現出的心理模式通常是很隱微的，但其中的衝突點必須加以檢視和理解，因爲這會促使一個人將注意力轉向內在的價值，以及潛意識裡的活動。若是能以洞見和小心的態度來面對，女人星盤裡的太土相位反而帶來了機會，去探索背後的創造驅力，讓她發展出女人不易擁有的完整性。

有太土相位的男人往往有向父親證明自己的能力的需求，因爲父子關係的失敗令他覺得自己有不妥之處。這其實是促成他的野心的因素之一，也是這類相位很典型的特徵之一。這類人的掙扎會向外投射出來，而必須證明自己是有能力的；其實他追求的並不是物質層面的成就。他重視的是自我價值和自我的重要性，還有對陽性面的接納；不是對性能力的接納，是一般的陽性面；這樣他才能倚賴自己的內在中心點。一般男人接受的身分認同和重要性不能滿足有太土相位的人；他必須發展自己對價值的定義，而且必須有能力主宰和掌控他的人生。很諷刺的是，太土的相位既可能由父母那兒承繼金錢和地位，也可能承接父母的貧窮和缺乏機會。不論情況是什麼，這類人都得藉著自己的努力來獲得價值和身分認同。

有強烈太土相位的人通常不允許自己太快樂或太放鬆。他們的內在有一種深埋的自我否定需求，有時會誇張到藉由疾病、烈士作風或其他的表現方式來避免美夢成眞，或者製造出災難來整垮自己。這種心理上的苦行傾向，也可能使他們的童年充滿著宗教制約，因爲他們總認爲外在環境是缺乏情感的，所以將其投射成約伯遇見的那種毫無同情心的神。有土太相位的人往往會發現自己被土星型的宗教吸引。太土相位的這種表現形式是很有趣的，但基本上仍然暗示著父親是外在環境的受害者。太土的相位意味著此人無法從外界得到任何幫助，必須靠一己之力來發現屬於自己的身分認同。

太土的相位可能以各種方式表現出來，因爲太陽象徵著個人性的自我表現，而每個人都有不同的模式。由於這兩個行星一向有互補作用，所以形成的相位是很基本而容易理解的。無論是太土的相位、金火的相位、太月的相位，都帶有這種清楚易懂的特質，亦即互補的兩面必須統合。

土星與月亮的相位

月土的相位一向有些聲名不佳，雖然其中仍然帶有土星節儉小心的美德。據說這類人會敏感到出現抑鬱、制約、退縮、不易表達情感、害羞、缺乏想像力的程度。這些特質一向和月土的困難相位有關，而恐怖的是星盤裡經常出現這類相位。雖然以上的描述都算是滿正確的，我們還是可以從比較不令人沮喪的觀點來看它們。或許節儉和小心，可以算是無趣地補償了月土相位令人不悅的特質。

月亮有許多詮釋方式，都可以說明它的流動性和善變的本質。從心理層面來看，有許多種意義都被附加在月亮的身上。大部分的人都贊同它代表的是人類精神的陰性面向——情感本質、感性的一面、母親，或是男人精神裡的潛意識面向及陰影面。神話裡的月亮女神也代表豐收和大地，這些觀念仍然影響著女性的顯意識表現，以及男性的潛意識表現。而象徵和夢境、心情和幻想，也都跟月亮有關。一般的層次上它則象徵著一個人的童年，還有讓性格發展出來的生命根基——在本命盤裡面，它描繪出的是早期家庭生活的氛圍，以及和母親的關係。在行為層面，月亮則似乎和一個人的本能習慣模式有關，也和潛意識的活動有關。月亮代表最少阻力的一面，而它的星座、宮位和相位的特質，都會在親密關係裡明顯地展現出來。在這種關係裡主宰一個人的行為的，往往是他的直覺本能。

奧祕占星學有一種古老的說法，認為今生的月亮落入的星座，就是前世的太陽落入的星座。這是一種相當簡單卻又無法帶來多大幫助的詮釋方式；我們還不能完全確定輪迴轉世觀念的有效性，也不具備這方面的確鑿資訊，來證實與其相關的占星模式。從象徵的角度來解釋這個觀點，或許比較有價值一些，因為月亮和一個人的童年、家族傳承及源頭有關，所以它可能代表我們會去追求安全感的領域，還有一種從過去延續下來的傳承。在某種程度上，月亮象徵著父母過去的歷史，而且代表一種對情感的渴求，以及對親密性的本能渴望。

月土的相位，包括和諧相位在內，都代表一個人的童年是按照土星的結構及模式，來接受父母的模塑；裡面有許多行為上的規範，以及對責任義務的強調。有時月土的相位也代表童年有經濟上的困難，或者物質上很舒服卻得不到溫暖，而無法自在地表達情感。這類人的母親往往不喜歡表現，或者某種程度上令人失望。許多有月土相位的人被貼上情感吝嗇的標誌，這意味著長期以來他們一直在控制自己的情緒；可能打從很小的時候，當他們只能用情緒和大人溝通的階段，就開始控制自己了。這個相位會造成令人沮喪的孤獨感，即使和諧相位帶來了穩定和堅定不移的特質，仍舊很難突破冷淡和孤立的傾向。這類人外表上冷靜而有效率，然而他們的效率是值得存疑的，尤其是相位的度數很接近的話，因爲他們往往有強迫性的自我防衛傾向；這種傾向會干擾到他們的直覺。月土的相位造成的人格會喜歡呈現自己實際的一面，但這是由於他們無法以別種方式表現自己。他們有一種深層的孤獨感和強烈的需求，特別是對情感的連結帶來的安全感，而這只能透過血緣關係延續下去。他們需要傳統、根源和家庭結構，但是這種對結構的強調帶有失望的成分，因爲月土的緊密相位除了現實結構之外，其他什麼也不能提供。

月土的人格特質最主要的模塑階段，就是早期的家庭生活。這兩個行星與星盤的南北縱軸有關，也跟潛意識或建構於經驗之上的行爲模式有關。這類人的父母很強調「做事比享樂更重要」，家庭氛圍裡也帶有強烈的道德制約，而且與宗教信仰有關。這類相位經常出現在教條主義者的星盤裡，他們信仰的神強調的是責任和紀律。他們的父母並沒有犯什麼錯，卻帶給了孩子沉重的負擔和失望。

這種人格模式會在內心裡造成什麼影響，完全取決於此人是男性還是女性；整張星盤的傾向也會造成一些差異，從封閉退縮的情緒表現，到情感洋溢的情況都有，因爲土星會帶來過度彌補的作用力。無論土星的外在表現是什麼，永遠會藉由孤立來發展出力量，而月土有相位的人多半會被迫切斷與家庭的連結，靠自己發展出情感上的安全感，和一種能夠延續下去的連結感。他不能退回到童年的愉快記憶裡，因爲他眞實的經驗是不愉快的。他也不能仰賴別人提供一個情感上的窩，讓他躲在裡面不去成長。每當他仰賴自己的直覺時，結果都令他失望。到了人生的某個階段他會發現必須把身後的橋燒掉，才能眞的發展成一個成熟的人。曾經帶給他好處的家庭結構和行爲準則，通常無法令他感到滿足，而他也會被賦予一種機會，去發展自己果決的一面。這個面向是由太陽象徵的，因爲月亮最少阻力的路線受阻了。我們可以說星盤裡如果出現月土相位的話，就代表此人必須發展獨立思考的能力，因爲他的整個精神結構都不允許他憑感覺行事。

男人星盤裡的月亮代表他母親的習性以及他和母親的關係，而這會影響到他在伴侶上的選擇。月亮代表的是他的陰性面向，他會把這個面向投射到妻子或愛人身上；從月亮我們可以看到一個男人潛意識裡的「阿尼瑪」特質。月土的相位意味著這個男人和自己的潛意識以及和女人的關係，都會出現一些困難。他的感受能力遭到了壓制，所以才表現出月土相位經常會有的守規矩態度；這是一種有力量但不夠圓熟的態度。人的感覺和月亮的圓缺一樣，不可能是永遠規規矩矩的；月亮代表的是完整的情感經驗，對於有月土相位的男人而言，這種完整性會威脅到他。他連感覺本能都不敢展露出來，更何況是情感的表達了。因此，這類男人很容易吸引來直覺和掌控性都超強的女人，一個永不知足披著獸形象徵的月亮女神。事實上，她就是被他否定掉的那個人格面向。由於他的內在經常受情緒和感覺擺佈——月土相位的典型性格——所以他也會因爲自己的脆弱和孩子氣而任由女人擺佈。中世紀的占星家曾經說過，男人的星盤裡如果有月土相位，代表婚姻的兆頭不佳，這種說法某種程度是正確的。

男人的星盤裡有這類相位，往往可能有機會與他的情感本質和解，因爲他們容易在男女關係裡飽嚐失望和痛苦，最後會發現把情感的需求投射到女人身上是徒勞無益的事，從而靠自己活出了陰性的面向。他必須親自去經驗它，而且藉由這個方式，最後反而從制約中解脫了出來。他透過面對和了解自己的情感本質而重生，比一般男人更有可能變得完整。月土的相位在男人的星盤裡是很重要的，雖然大部分的人都會企圖規避其中的挑戰，埋首於現實事物中，以逃避內在的孤獨和脆弱。土星提供的獨立性會尾隨在失敗或失望之後，因爲似乎只有失敗才能促使一個人質疑自己，發展出必要的智慧和力量。月土相位提供了發展情感上的獨立性的機會——一種相當罕見的品質和經驗。家人之間的連結帶來的安全感是虛幻的，假定自己有權力要求家人提供情感上的支持，是很危險的一件事，因爲父母會死亡、伴侶會離開，孩子也會長大；有月土相位的人如果基於情感上的需求，而去尋求這些外在的保障，往往會招惹來痛苦和失望。他若是能建立內在的穩定性，探入創造和直覺的源頭，就會發現他其實不需要別人給他溫暖。他可以自由地擷取內在的資源，也能回饋給這個源頭某種東西——一個完整的他。

在女人的星盤裡，月土的相位往往和健康不佳有關，這似乎是一種正確的說法。尤其是月土的合相容易罹患慢性病，但這類疾病比較是功能性的障礙，並不是有機體出了問題。心理學剛開始發展的階段裡，佛洛伊德用了一個名相，稱其中的一種問題為「歇斯底里症」。無法自由表達出來的情緒，可能會因為短路而造成身體的損傷。月土的疾病象徵著一個人受挫的情感，但是由於教育背景、責任意識，以及害怕蒙羞或遭到排拒，所以無法以開放和自然的方式將其表達出來。有時這類人也會透過身體的問題來表現情感上的失望。不過大部分的情況都是情感本質而非身體，這才是困難的源頭。

在女人的星盤裡月亮顯得特別重要，因為女人的感覺是發展得最強的一種作用力，而且通常是女人表現自己的管道。反倒是太陽象徵的男性面向比較無法被女人意識到，而把渴望被認同和自我表現的慾望投射到伴侶身上，藉由他將其活出來。同樣的，男人也會透過他的伴侶活出自己未發現的情感。月土的相位暗示著很難藉由這種管道將情感表現出來；這會截斷一個女人和她陰性面向的連結。她不接受身為女人這件事。這也跟母女關係不佳有關，而且會製造出被排拒、孤立和不自在的感覺。有月土相位的女人必須創造出內在的空間，來獨立探索自己的陰性面向，並且要擺脫掉生母的形象和角色。在女人的星盤裡，月土的相位意味著有榮格所謂的「母親情結」，雖然這個名相一直被誤用和過度使用，但這類人心目中的母親，仍然是必須小心處理的恐怖能量。過度靠本能而活的女人，除了生孩子和煮飯之外，就沒有別的作用了。過度有攻擊性的女人，則只會排斥自己身上的女性特質。這兩者都跟月土相位造成的母親情結有關。

不論男女只要星盤裡有月土的相位，都有機會發展出情感上的自由，雖然對女人而言這句話有不同的意義，但基本上機會是相同的。很少有女人能夠眞正獨立自主；有許多只是以強調自由來過度彌補，因此鮮少有人眞的帶著覺知和自己的陰性面及內化的母親和解。有月土相位的女人比較有機會體認和理解這個迷思，這比土星提供的節儉小心的美德重要得多。

土星與水星的相位

傳統上土星與水星的相位，一向代表深刻的思想，精明、仔細和周全的心智，以及善於處理商業事宜。比較負面的傾向則是沮喪和陰鬱的情緒，狹窄和僵固的觀點，以及有搪塞和閃躲的傾向。某些水土的困難相位也可能造成口吃或結巴，或是聽力不佳。緊密的合相、四分相和對立相，據說也跟愚笨或智能不足有關。大體而言，水土的相位是比較容易理解的，而且除非星盤裡有其他行星涉及進來，或者這兩個行星和四交點之一形成合相，否則並沒有太大的重要性。

水土的相位可能只是在發展的某個階段具有重要性——當一個人開始學習理性邏輯

時。並不是每個人都用得上這種邏輯能力。水土的相位不像火星、金星或月亮和土星形成的相位那樣，製造出強烈的壓力和情感上的挫敗感，這是因爲水星象徵的是冷靜的理智和常識，而且會朝著事業、商業或智識去追求，所以和土星的性質可以融合得很好。這也說明了這兩個行星的組合，爲何與外交手腕及精明的頭腦有關。

有許多人也會受這類相位的不悅特質之害，尤其是那些知識份子型的人。這類人在溝通和智能上往往有一種不自在和挫敗感。這些感覺一旦放大之後，就會向外表現出結巴之類的問題；能夠幫助這種語言障礙的治療方法，比較有效的是催眠之類的深層心理療法。如同土星落三宮一樣，水土的相位也會顯現出一種愚鈍的態度，事實上是內心裡有恐懼在制約著。那些慣性撒謊者的奇特表現，也跟水土令人不悅的一面有關。土星和水星形成相位，會讓一個人出現某種程度的理智、敏感性和複雜的性格，否則也不可能造成過度彌補或扭曲的情況。那些因爲水土相位而有困難經驗的人，最後反倒能利用這個機會發展心智能力，獲得土星提供的啓發。

水星是一個非常重要的行星，象徵著非常重要的作用力，因爲它代表與外界溝通、從外界擷取資訊的工具。雖然有許多奧祕教誨主張「心智是實相的殺手」，但是除非一個人能發展出理解力和辨識力，否則根本無法了解自己的經驗是什麼；這麼一來，他就變成和動物一樣靠本能活著的生物了。不論一個人有多麼強壯、幹練、才華洋溢或是成熟，如果沒有發展出心智的運用能力，仍然無法把自己的才能和他人分享，也無法理解別人的想法。能量是隨著念頭而產生的這個說法，是可以被確立的，而所有的事物都是源自於思維的次元，然後才會變成一種具體的現實，這個觀點應該不難理解。水星象徵著具體運思的心智活動，缺少了它，我們就無法理解經驗的意義，也無法從情緒的大海裡找到出路。同時我們也無法產生自知之明，因爲土星象徵著分析和辨識的能力。它主宰著兩個星座，因此也主宰著兩個宮位；若是低估它的重要性，將會是很大的錯誤。就一般正在發展心智能力的人而言，從外界擷取資訊就能幫助他形成概念及思想。如果資訊的源頭被切斷了——水土的相位經常會有這種情況，那麼此人就必須仰賴自己的內在認知，靠著自己去發展出對生命的觀點和態度。這需要相當漫長的時間，但由於獲得的是第一手經驗，所以也有利於了解人生。

水土的相位意味著對自己的智力不確定或是感到不足，而這是源自於父母認爲孩子無法獨立思考，如果大人的意見和小孩產生衝突，小孩永遠應該聽大人的。這類經驗會讓一個孩子變得退縮，成年後不信賴自己的智力。水土型的人在學校的表現往往很差，但並不是因爲愚鈍或缺乏原創性，是他總認爲自己很笨，害怕犯錯或者被周遭的人低估自己的智力，而變得學習緩慢。水土型的人也可能變成學究，以強調學術成就來彌補智力上的缺失，但是他們的成就通常缺少水星的優雅和流暢性。這類孩子在學校裡很難清晰地表達想法，理由是害羞和恐懼，而別人卻會將其解讀成缺乏興趣。他可能表現出土星典型的沉默寡言，或是以沉默來掩飾內在的敏感和深思傾向。土星會帶來惡性循環，因爲恐懼會加重挫敗感和無能，於是就更加重了恐懼。

水土的相位和輟學或學術成就有關。有水土相位的人比較喜歡不帶競爭性的務實學習方式，而且在物質次元的具體事物上特別有學習能力。這類人之所以缺乏想像力和務實，主要是因爲害怕抽象思考。當他面對那些高智力的人時，會展現出嘲諷的態度，因爲他潛意識裡害怕這些人的智能。有水土相位的人不論是多話型或沉默型，都只能靠自己的努力來學習。除非他親身體驗、確定自己了解了某種學問，否則是不會輕易相信任何一種資訊的。目前大家都強調科學方法，所以這種傾向是可以被大家接受的，雖然水土型的人很難領略經驗背後的意義，因爲他堅持從表面現象來看自己的經驗。土星障蔽住了從智力通往直觀力的那條通道。水土相位最困難的一面，就是無法產生眞正的悟性，捕捉不到事物背後的意義。他們可能理解表面的事實，而且學習的周密性無懈可擊，但卻意識不到結構背後的生命源頭。

星盤裡如果有強烈的水土相位，似乎代表這個人有機會受更深的教育，而不是藉由經驗累積一些現實的知識就算了。土星象徵著追尋內在意義的動機，也代表渴望發現眞相和意義。理解一種概念、感覺或事物，意味著認同和想要區分這個概念、感覺或事物，然後再爲這些東西加上標籤，擺在自己的意識內容裡以備未來使用。約略地觀察一下內在的這種吸收消化資訊的過程，你會發現裡面有一連串的聯想和區分的活動，其實人一輩子都在進行這樣的活動。一般人都是按照已經建構成的思想框架，來賦予經驗一種意義；人會藉由此種方式來評估自己的生命。這種思想框架通常不是由個人的親身經驗建構起來的，多半是把他人的經驗變成了自己的體認，所以才意識不到背後的意義；只有當某種經驗激發了團體的認同時，我們才會接受它。一旦扯掉環繞在概念周圍的情緒幻象，我們就能眞的意識到念頭的這種機制作用。旁人的概念只是一些意見罷了，因此這種運作方式令水星變成了累積別人的價値觀的工具，從而喪失了眞正的創造力。大部分的人都有自己的意見，而且會任意地拋出來；很少有人眞的知道怎麼創造性地思考，也很少有人能建構一個原創的思想框架，裡面沒有情緒性的論斷，只是去看眼前的每個經驗背後的意義。這才是眞正的思想自由，只有藉著它才能搭起智力和直觀力的橋梁。這是我們瞥見人類精神全貌的唯一工具。有強烈水土相位的人會累積自己所認爲的眞理，因爲他無法以一般的方式得到它們；他流暢的溝通管道某種程度被障蔽住了，所以被迫靠自己來建立思想的架構。他也許眞的缺乏想像力，過度執著於現實，不過他對幻相是有洞察力的，而這種對眞相的相對性的敏銳覺知，也可能使他採取激烈的對立態度，這又會使他變成一個衝動的胡謅者。不論是有意識地尋求一種紮實的知識架構，還是因爲太辛苦而放棄努力，變成了善於利用意見來操控的政客，他都必須忍受土星帶來的懲戒，也就是不斷地提醒他沒有任何事是全對或全錯的。有一條細細的鋼索連結著對立的兩面，讓這個人最終可以通往自己的直觀源頭。

水土的相位是值得進一步探究的，因爲它們提供了一個機會，讓我們以截然不同的方式運用心智。我們既可以將心智運用在分類上面，也可以將它變成一種覺知形式背後意義的專注力，更可以藉著它來探索精神的陰暗面。只有透過這樣的方式，我們才能理解自己的這個面向。但朝著這個方向發展的心智並不是一個估量的工具，它會變成一個抽離的觀察者。只有當心智充滿著主觀意見時，水星才會變成實相的殺手。認知到價值的兩面性是一件痛苦的事，雖然它不像情感的挫敗那麼帶有個人性，但仍然是很重要的探索心智對立性的開端。當我們沒有任何熟悉的地標去定義孰眞孰假的時候，就必須更深地向內在去探究，看看眞相到底是什麼。負起這樣的責任就會帶來最大的自由。

土星與金星的相位

土星與金星的相位在一張星盤裡出現時，如果此人還未發展出內省能力或自知之明，可以說是最難面對的相位了，尤其對女人而言。傳統認爲男人或女人的星盤裡有金土的相位，往往會遭遇婚姻及愛情上面的失敗和痛苦，而且會留下幻滅感、悔恨及恐懼，並且會導致害怕遭到拒絕，總是用一種冷漠或不信任的態度面對浪漫愛情。可能早先的失敗——通常是非常痛苦的經驗——並不是唯一造成這種行爲模式的關鍵點，更重要的是童年和父母的關係，特別是跟自己的性別相反的那位至親的關係。這並不是一種新觀點，占星家自來就是這麼認爲的。土星的任何一種相位裡面，都帶有與雙親之間的問題。

金星似乎和一個人的快樂能力有關，也跟一個人與環境是否和諧有關。金土的相位比其他相位更會打擊到一個人的快樂，這類人慣常的情緒往往是不滿足，還有一種永遠無法享受人生的感覺。即使是和諧相位與次和諧相位，也都會讓一個女人不易接受自己的陰性面向和身爲女人的價值，同時也會影響一個男人對女人的基本態度。奧祕教誨有不同的看法，它認爲個人的親密關係對其靈性發展並沒有什麼重要性，但是有金土相位的人仍然會經驗到孤獨和被排拒的感覺，而且這種感覺可能會損害此人的一生，也會損害由下降點代表的親密關係，所以是不可低估的。太土的相位涉及的是更廣、更抽象的發展階段，它會使一個人的自我重要性以及在人生中扮演的角色出現問題。金土的相位涉及的則是親密關係，而且最終的影響力只會在臥房的暗處出現。金土相位除了會帶來不快樂和孤立感之外，也會使一個人有潛力發展出深刻、意義深遠及持久的關係，而且這份選擇是奠基於徹底的了解和自由，不是彼此的需求。雖然這類相位會帶來許多損失，卻能使一個人領略聖婚的滋味——通常會有很長一段時間沒有伴侶——同時也會使一個人得到眞實和持久的關係。土星的強勢位置是天秤座，而金土的相位比土星落天秤座更能使人認淸，關係乃是自知之明和自我發展的途徑。

金土的相位也意味著性上面的阻礙，特別是我們所謂的性冷感之類的防衛機制，因爲金土一向和「愛上面的痛苦」有關。除非一個人已經發展出了誠實面對自我的能力，否則很難以建設性的方式運用金土相位的能量。所有的土星相位都要求我們在潛意識裡下功夫，認淸它的過度彌補傾向和對立的態度及情緒。不論這類人多麼渴望在性和情感上面表現自己，仍然會有潛意識裡的強烈恐懼，讓他們不計一切地保護自己。

金土的相位暗示著童年生活裡有過情感的痛苦，以及遭到排拒的經驗。可能家人之間缺少身體上的接觸，也無法表達溫暖或熱情。這類人的原生家庭也可能缺乏物質享受，譬如父母不會送禮物給孩子，也不提供感官上的慰藉，或者對孩子沒有眞正的愛與認可。這類人的父母對孩子的愛是源自於血緣關係，不是眞的欣賞這個孩子的特質。金土的相位經常會形成此種類型的「愛」。他們的父母想生小孩，是因爲社會要求他們這麼去做，但是他們的潛意識並不想負起這種責任。金土的相位也意味著原生家庭缺乏眞正的愛，或者父母之一對孩子有股莫名的敵意。這類孩子若是能遠離父母，可能會活得好一些，雖然這也會造成家人之間的衝突和罪咎感。他們待在家裡的時間越久，不自在的感覺就越強。

金星象徵的愛上面的施與受遭到了扭曲和阻礙，因為童年沒有得到真正的溫暖；這類人會發現他們很難在親密關係裡不扭曲自己，因為早已習慣於自我保護。他們有一種渴望被愛的衝動，冷淡和自我防衛的傾向。我們可以說有這類相位的人經常感覺不被愛，所以很難向別人表達愛意——他們容易表現出強求、佔有、不滿意、過度敏感以及脆弱的態度，一些你會在三四歲的小孩身上看到的狀態。因為他們的熱情被凍結了，所以會停留在尷尬、彆扭的狀態裡。有金土相位的人也會因追尋快樂而踏上只要愛不要痛苦的怪異岔路，這又會使他們顯得相當老練世故，但情感仍然停留在小孩的階段。

我們都遇見過一些害怕不被愛，只能表現出破壞行為的孩子。他們會不斷地製造痛苦，一味地哭泣和鬧彆扭；這種態度也會在有金土相位的成年人身上顯現出來。同時他們還會發展出一種冷淡的態度，從這種態度我們可以探測出他們的情感可能經常被誤解。當然並不是所有金土型的人都會如此表現自己，但多少帶有這種特質，雖然他們也會用這種方式來巧妙地掩飾，或是以其他的表現方式來凌駕這種傾向。有這類相位的男人特別不容易呈現自己的脆弱面，因為我們的社會不接受男人承認自己害怕不被愛，而這會讓金土型的男人向外表現出無情、冷漠和傷人的態度。他們的多疑和善妒逐漸會導致伴侶的背叛，同時他們也可能把毫不動搖的忠貞，獻給那些有虐待傾向、依賴性高或是完全不值得愛的人。我們必須記得這類人童年時的情感發展受到了阻礙，因此不要認為他們沒有能力愛，同時我們也要了解，我們所謂的愛往往只是一種需求和情緒，而眞正的愛必須在童年時就經驗和觀察過。有金土相位的人在面對情感的時候，通常態度是尷尬和彆扭的；由於他們不習慣這件事，所以覺得很不舒服。他們會認同愛是跟犧牲連在一塊兒的；他們若不是完全逃避愛，就是讓自己或伴侶做出犧牲奉獻。

在一個女人的星盤裡，金星除了代表愛情之外，也象徵著陰性面向——不是月亮代表的母性這一面，是能夠展現出美、優雅和魅力的理想伴侶的這一面。金星是代表藝妓或高級神女的人格原型，金星和月亮共同象徵著人格裡的陰性法則。金土的相位會影響一個女人對自己陰性面向的信心——不只是社會對女性特質的定義，也包括她自己立下的定義在內。你經常會發現金土型的女人投入於競爭激烈的商業領域，而且往往能在事業上拔尖出衆。她之所以有強大的事業驅力，不只是因爲她眞的熱愛工作、責任和創造性的自我表現，同時也因爲她無法在女性化的行業裡自在地運作，所以只好進入男性的世界。金土的相位不一定會塑造出眞正解放的女性；它比較會讓一個女人害怕做女人，因爲她認爲自己會在這方面遭到失敗。其實這兩種類型是很相似的，因爲都帶有一種深層的自卑感，認爲自己缺乏吸引力——不論實際上長得有多好看。我們也經常發現金土型的女人投入於表演事業或模特兒行業，甚至有可能成爲魅力遠遜於古代藝妓的妓女。對這一類型的女人而言，被愛、被仰慕、被視爲美麗的人，都是極爲重要的事。這種傾向顯然不能帶來什麼自由，可以說是近乎「恐懼的奴隸」，難怪金土的相位一向有不受同性歡迎的聲名。由於這類人鄙視也懼怕她內在的陰性面向，所以經常吸引來其他女人的憎恨和恐懼。

當然，成爲妓女是金土相位比較極端的發展方向，而這可能是女人最難面對的表現方式了，因爲這種生活太過於孤獨。另外一種極端就是成爲老處女，但是這個發展方向其實並不極端，因爲妓女或老處女都找到了逃避的方式，躲開了深刻的情感經驗。土星要求的愛是必須付出某種代價的，因爲這種愛不容許幻象存在，也無法奠基在個人需求的滿足上面。許多有金土相位的人很怕付出這樣的代價，雖然這麼做可以有機會發展出愛情比較深刻的面向，體認到親密關係更有意義的一面。上述的兩種極端的發展，也和典型的家庭主婦角色很類似；因爲她出賣了自己的靈魂或夢想，爲的是換取房子、汽車和日常支出上面的保障。她往往會選擇一個她並不眞愛的伴侶，她選擇的伴侶是安全的，既不會傷害她，也不會讓她變得脆弱。但憤怒的神不會讓這些女人逃掉土星帶來的懲罰，而她們付出的代價，就是毫無意義的生活帶來的挫折和孤立感。

土星也可能讓這類人過度彌補，而這種模式同樣也會造成挫敗感，因爲它還是會讓一個人孤立自己。我們也經常發現有金土相位的人會去尋找一個帶來負擔，身心條件都比自己差的人。這類女人經常會選擇自己鄙視或是造成不快樂的伴侶，但卻不會離開對方，甚至會找一百個理由待在這份關係裡。這是金土相位經常會有的烈女情節；她們會發出令人熟悉的吶喊：「我給了他那麼多，但是他只會虐待我」。這種情況很明顯地呈現出金土的自欺傾向，因爲要看穿背後的心理模式，就跟看到陰暗的湖底一樣困難。人們需要一些勇氣，才能以建設性的方式面對這類相位；由於它們顯現出來的情況是如此地令人不悅，所以往往能激發一個人的內在勇氣。最重要的一點就是得接受土星的責任意識，而「愛的痛苦」並不是殘酷的命運在捉弄人。這只是潛意識的模式的自然反應罷了。

表面上看來金土相位形成的心理狀態，似乎沒有什麼正向特質可言，事實上，土星一貫的法則就是要藉由痛苦爲一個人帶來裨益。金土的合相、四分相或對分相，特別能提供土星的功課。如果一個人的本質是浪漫和敏感的，那麼這類相位無疑地會製造巨大的壓力，但如果能誠實地探究內在的動機，就能了解自己爲什麼要創造出失望的經驗。他不但因此而進一步地認識了自己，同時也認清了愛和關係究竟是什麼。這種自知之明會演變成智慧，幫助他建立清醒而自由的關係，讓潛意識的投射降到最低，並且讓誠實面對的能力發展到極致。只有那些在自由之中付出愛的人——這裡指的是心輪而非太陽神經叢的愛，才能欣賞金土相位帶來的禮物，其中的關鍵點就是先學會愛自己。

有金土相位的男人遇到的困難比女人會少一些，但是他們往往不信任女人。他們的模式通常是選擇一個安全的伴侶，非常強調責任義務，有一種近乎烈士的心態。他們對女人有敵意，背後的心態是一種恐懼，而且比較不喜歡女人表現出某種程度的智力或獨立性，因爲只有容易掌控的女人才能帶來安全感。這類相位可以說帶有女權運動者最鄙視的大男人主義傾向，諷刺的是，比較極端的女權運動，也是由那些有金土相位的女性推動的。宇宙以無盡的溫柔和耐性告訴我們，同類永遠是相吸的。

金土相位之所以重要有好幾個理由，而且非常值得我們去探究其中的細節，以便了解它們可以發揮的力量。雖然金星只是一個傳統上認爲沒有多大力量的行星，但是有強烈金土能量的人的人格，幾乎完全是由這個相位模塑的。金星可能比我們所認爲的更具有重要性，它背後的意義遠大於愛情和外表的裝飾。奧祕教誨告訴我們說，金星是地球的孿生姊妹或是它的另一個自我，未來的世紀裡，它在占星學和象徵系統裡都會展現更大的力量。到目前爲止，這則奧祕教誨似乎還看不出價值，但是金星代表的意義深遠的關係——不論我們稱之爲婚姻與否——絕對是一個人成長的重要領域，包括實際的經驗，也包括它所象徵的內在實相。我們只需要去看一看神話和童話故事，以及太陽和月亮的煉金聖婚，就能明白婚姻的確代表人格的整合。即使基於宗教的理由而避開了親密關係；修女也還是會變成基督的新娘，而神父仍然會犧牲自己爲教會本部（Morther Church）服務。在關係的領域裡人會變得最脆弱，結果卻在其中獲得了最大的成長和自我認識。我們都知道土星落在天秤座是強勢位置，因此當土星落七宮或是和金星呈相位時，也會反映出成長的機會。在親密關係裡活出愛和自由的選擇，與最深奧的靈性修持同樣困難。

土星與火星的相位

火土的相位一向聲名不佳，中世紀和現代的占星家都認爲這類人有虐待狂傾向，心性相當殘酷。希特勒的火星是落在金牛座、第七宮，土星則是落在獅子座、與天頂合相，形成了緊密的四分相；這個例子不斷地被用來證實火土相位的殘忍特質。近年來出現了一些比較合理的分析，闡述了這類相位的正向特質，同時也指出這類人可能會把殘忍的特質外化，而成爲他人的受害者。不過大體來說，這類相位仍然代表一個人有某種程度上的無情和強硬傾向。如果我們用「投射」來取代「外化」的概念，那麼別人施加在我們身上的殘酷對待方式，仍然是我們自己的精神特質的一部分；否則我們不可能吸引來這樣的狀態。即使火土形成的是和諧相位，仍然帶有冷漠自私的特質，雖然這類人也很擅長管理，富有自制力。火土的相位也和魯莽、容易遭受意外、經常與權威人物起衝突有關，同時也會吸引來別人的敵意。的確有足夠的證據可以證實火土的相位帶有這些傾向；雖然如此，這不必然是唯一的投射作用，而且也不該把受害的責任推給別人。如同所有的土星相位一樣，火土的相位也充滿著恐懼，但同時被賦予了發展出更深的認識、找到更重要的價值的機會。

男人的星盤裡有火土的相位，問題會比較難解決一些，就像女人的星盤裡有金土的相位一樣。這似乎是一種合理的說法，因爲傳統上火星象徵著男性，金星象徵著女性。在一個女人的星盤裡，火星代表的是她的陽性面，不過她很可能將這個面向投射到某位男士身上，而非整合到她自己的意志裡面。男人星盤裡的金星則象徵著他的陰性面，而他也很可能將其投射到某位女士身上。對男人來說，火星代表的是他自己的性別，因此他通常會認同這個面向的特質，特別是他的性別角色。當土星與火星形成相位時，此人本來應該有的對自己性別的認同，以及對做爲一個愛人、出擊者、征服者或領袖的自信心，都會遭到挫折。雖然太陽象徵著一個人的創造力，但火星在這方面更具有個人性，更容易呈現在物質或身體的層面上。雖然社會已經把「男性」這個名詞扭曲成時空次元的平版概念，甚至令它成了被取笑的工具，但這種純屬男性的精神特質仍然存在著，包括男、女以及無情物在內。當火星與土星形成相位時，這種基本的男性法則往往會被徹底否定。這種情況如果出現在一個男人的星盤裡，那麼他隱約地會覺得自己不太像男人，直到他有能力克服這種不自在感，並深入地了解了自己的陽性面和深層意義爲止。

當我們從這個觀點來看火土的殘忍和無情時，就會比較了解這是緣自於過度彌補的作用力。雖然這仍舊是非常令人不悅的特質，但卻和道德議題無關了，因爲表現出這種特質的人往往身不由己。他們的內在有一種強烈的挫敗感，覺得自己懦弱無能，所以必須把意志力強加在別人身上，因爲他非常害怕被人掌控和利用。這種運用意志力的方式可能帶有暴力傾向，也可能是在心智的層次以隱微的方式操控別人，或者以強勢的情緒支配別人。火土的相位很容易展現出這種誇大的男性作風。

火土相位的行爲模式也可能擺盪到另一個極端，變成非常被動和不願意爲自己爭取權力。這類人會在別人施壓的情況下屈服，而且由於他無法確立自己，所以經常被別人佔便宜。當男人的火土相位展現出這種模式時，這個男人就會被女人操控，但是卻相當受女性親屬喜愛，因爲他無法說「不」的敦厚特質顯得很可愛。這類人的內心有一股挫敗和忿忿不平的感覺，這種感覺最後會以「令人費解」的暴力或盛怒釋放出來——「我眞是不明白，他看起來是這麼和善的一個人」。這份挫敗感也可能在他的心中化膿，變成一股對付自己的力量，製造出疾病或自毀的行爲。

這些感覺似乎都跟父母有關；火土的行爲模式通常是在童年種下的。父母之一也許打擊到了他們的意志力，或者父親有暴力傾向，經常會表現出「我要你做，你就得做」的權威態度。嚴格的管訓、過早讓小孩負起責任、僵化的宗教訓練，或是基於罪咎感而暗自控制情緒，都會造成自由被剝奪和無力的感覺。這類人早期對性方面的好奇心也可能遭到懲罰或制止。

火土的相位也可能使一個人的身體受到不當對待，男女都一樣。這類人爲童年經驗付出的代價，往往是成年後性上面出現困難或壓抑。由於他們經常覺得自己缺乏意志力，或者運用意志是無效的，因爲總是受到打壓，而誇大了意志力的重要性。他們要不是允許別人繼續掌控他，就是強烈地反擊，因爲自尊遭到了嚴重的考驗。火土型的人經常抱持「最佳的防禦就是攻擊」的態度，這種態度是源自於困難的經驗。不論他們展現的是誇耀還是羞澀，一般來說內心裡都有一種痛苦的不自在感，對自己的意志力和身爲男人的能力不確定。他們可能會虐待女人，或者把她們當成性上面的征服對象，因爲這會讓他們覺得比較有信心；其實他們鮮少感受到眞正的自信心。火土型的人很少覺得有能力掌控人生或自己。

這類相位也會在性的表現上付出代價，男女似乎都包括在內。他們的性行爲會變成確立掌控力的象徵，結果是失去了箇中的樂趣和親密性，而且會有一種深層的挫敗感。以這種方式來表現火土相位的特質，就像金土的相位一樣，問題並不是源自於肉體，因爲性的壓抑與情感有關。一般而言，這種壓抑傾向是出自於恐懼——害怕遭到拒絕、被掌控或是失敗。金土的相位和性冷感有關，火土的相位則跟性無能有關。這兩種相位的模式在許多方面都很類似；它們就像太月的相位和金火的相位一樣，代表的是精神上的一體兩面。

火土的相位帶來的問題似乎很難對治，特別是困難相位。多少世紀以來人們一直在強調性別角色的扮演，而且膚淺的程度已經到達巔峰，因爲我們的文化實在太強調魅力這件事了。人類的集體意識早已超越性別的界線，但是這種緩慢而穩定的發展趨勢，尚未跟社會習俗同時並進。火土相位能量很強的男性，對男人扮演的攻擊性角色，通常覺得不太舒服；由於土星的影響，他們比較會朝著生理或心理更深的層次去探索，以達成陰陽兩面的平衡。現代男性不太能接受這種內省的發展方向；如果朝這個方向發展，一般會被認爲有精神問題。由於他們否定了意志力以及生命目的的釋放管道，所以難怪會表現出急躁和盛怒的情緒。土星提供了一個機會，讓這類人能夠深入地了解意志力、權力和掌控力的本質，但是社會成規可能阻礙他們看到這個機會。這類人通常無法接受膚淺的習俗，因爲他們知道這些東西是沒什麼用的，所以必須在自己的性別上找到新的價值，來代替那些不再適用的部分。由於發現自己無法向外界表現陽性的一面，因此必須向內探索——內在的女性面向——認清並不是自己失敗了，而是不再需要操縱別人來證實自己是個男人。

土星與木星的相位

馬克・艾德蒙・瓊斯把木土的四分相描述成「此生是最後一次機會」。這兩個行星的組合既不是完全個人性、也不是完全超個人性的相位，它們代表的是一種宿命論的態度，至少是一種直覺和實際的觀察之間的對立性，而這會讓一個人弄不清楚什麼是選擇權上的自由。土星和木星可以視爲相互對立的能量，加在一起便成了一組的心理經驗、精神原型或人性的基本面。現在我們應該開始明白，任何一個行星都可以看成是土星的另一面，而且只有在證實了這個觀點之後，才會清晰地看到土星的變色龍特質。某種程度上，在它和任何一個行星形成的關係裡，它扮演的角色都是惡魔的擁護者。

從神話學的觀點來思考一個行星是很有趣的事，因爲在神話裡我們可以發現人類經驗的赤裸眞相，而不會受特定文化或社會標準的影響。木星可以說是太陽的替身，因爲它象徵著心智導向的太陽創造能量。在神話裡宙斯（木星）是奧林匹斯諸神之王，而太陽神在埃及的阿克納頓法老王統治時期，就已經逐漸喪失權力，最後讓位給比較不重要的神祇，庇里奧斯和阿波羅。古代的太陽崇拜信仰，逐漸轉向對宙斯這個神人之王的重視，這反映出人類集體意識的一種改變。人類的價值觀一向會透過他的神話反映出來。從一種非個人性、浩瀚的主宰能量，轉爲比較人性化的人神結合原型，是很重要的一種改變。宙斯（木星）是一個與太陽有關的神祇，祂源自於人類集體意識裡的父權原型。或許更正確的說法是，木星和太陽都象徵著神一樣的男性原型，以及一個男人可能達成的最高成就，只是木星比較可親一些。

在神話裡，宙斯（木星）征服了他的父親克羅諾斯（土星），將其囚禁在塔爾塔羅斯地獄，由弟弟海地斯（冥王星）監管。不久之後，他本身也遭到同樣的命運，因爲預言說他會被自己的兒子謀害；這個兒子是半人半神。根據希臘和羅馬的傳說，宙斯活著的時候並沒有被征服，他成功地避開了與父親相同的命運。不過上述的預言到最後還是證實了自已的眞實性；因爲在雙魚座掌管的兩千年之中，天神的原型已經發展成半人半神的基督了。

木土的相位意謂著究竟該洞察生命的目的，還是被外在環境掌控。木土的四分相以及對分相與一種兩極擺盪的性格有關。這些人會在希望和絕望之間搖擺，就像金土型的人一樣很容易有自殺傾向。這兩個行星反映了彼此的巨大差異，包括天文學上的體積和重量，以及占星學上面的特質。它們的組合會造成一個人一會兒盲目地樂觀，缺乏實際的理解和自制力，一會兒又盲目地悲觀，看不見任何希望，好像未來只可能是不快樂和無意義的。如果一個人覺知不到他可以改變這個模式，那麼木星的放任和土星的吝嗇，就會交替出現在這個人的人格裡。雖然這兩個行星不像月亮、水星、金星、火星一樣是個人行星，但是對一個人的影響卻很大，因爲它們代表基本的人生觀、內心的哲學。這種人生觀會制約行動，使一個人做出某些刻意的行爲。

傳統上認爲木土的相位也跟金錢的成敗有關。它們可能會影響到這個生命領域，但這股影響力是一種間接的副作用。木土的六分相或三分相一貫的解釋是寬鬆的物質條件，而木土的困難相位則代表自身難保。這類人通常會在事業和金錢上做出錯誤的判斷，再加上木星一向帶有幸運的意思，因此我們可以推論木土的困難相位會影響到物質次元。

但木星主要是一個代表心智活動的行星，它主宰的宮位也和心智有關。它與物質其實沒什麼關係。木星人一向認為自己值得擁有最大的福報，所以往往也會將其吸引來。土星則比較落實，一般代表的是往上攀爬的個人野心，不過它在心理作用或原型上面，似乎與不認同物質次元更有關聯。因此這兩個行星的組合，代表有機會發展出截然不同的、更主觀的價值，特別是在人生哲學以及對生命意義的洞察上面。由於無法洞悉到自己的本我而害怕失敗，會導致木土型的人選擇將就地過日子，而無法發展出眞正的能力和智力，並且會犧牲掉最高的願景，把人生的標準降低到賺薪水過活。這是一種很基本的價值標準而非運氣不好。就是這種過度基本的價值觀而非壞運氣，導致了木土型的人接二連三地在金錢上失敗。

木星在心理上的作用力，似乎與直覺、想像力或願景有關。只有藉著這種直觀力，我們才有能力領略某個經驗或人背後的根本意義，而無須運用到邏輯分析。直接經驗到內在世界的意義，就能建構我們所謂的信心；這種信心不是奠基於化約的理性或現實經驗，也不是心想事成那一類的信念。眞正具有信心的人，會直覺地知道每個經驗背後都有意義和目的，而且會按照某種帶有根本智慧的模式，逐漸將其揭露出來。木星型的智慧並不具備嚴謹的邏輯，卻帶有一種信心和虔誠的態度，就像一盞明燈似地照亮了最黑暗的經驗。

木土的相位似乎意味著必須將信心轉化成落實的生活方式，藉此讓自己活出已經洞察到的生命目的。這個歷程的初階是很困難的，因爲看不到其中的機會。這類人會把現實生活的要求，看成與心中的願景相左的狀態。他不能活出這個願景，於是自我防衛和利己之心，就會讓他放棄內在的信念。有人把木土型的人形容成把一切都賣給了魔鬼，因爲對他而言，現實世界裡的食物、庇護所、社會地位，以及能夠保護他、讓他的脆弱感降低的一切事物，似乎比什麼都重要。如果這種心態不加以檢視的話，就會導致深層的沮喪感，因爲到了中年他往往會喪失心中的喜樂，在毫無意義的例行公事中載沉載浮。他活著只是爲了吃飯罷了。也許他在物質層面很成功，卻把靈魂賣給了現實。土星的深層作用力是不贊同這樣的買賣的，而最常見的代價就是覺得人生毫無意義。把木星的作用力壓抑下來，也要付出很大的代價，因爲這會造成無意識地蓄積力量，最後爆發成一種憤怒和衝動的行爲。基於這個理由，木土型的人如果選擇了這種表現方式，可能會變成非理性的迷信之人，而且容易上當受騙、單憑直覺做出錯誤的判斷。這類人也容易罹患重度憂鬱症，因爲人生缺乏意義。這說明了爲什麼木土的極端表現，一向和憂鬱及自殺傾向有關。

木土相位的另一種極端的表現也很有趣。這類人也可能擺盪到另一端，企圖逃避土星所要求的努力、實證和親身體驗。他們可能會變成大家所熟悉的那種生活拮据、不斷期望有大突破、好運會突然降臨的人。這其實不是典型的木星特質，比較是尙未領會木土相位的潛力的一種傾向。眞正的木星人通常是幸運的，木土型的人則往往是不幸的，甚至經常得受朋友的接濟才能脫困。不過土星的要求最終仍然會被這類人聽到。此外，上述的解釋也使我們明瞭爲何木土的相位偶爾也跟不誠實有關。不誠實這個概念和不道德同樣曖昧不明，只消把商業交涉上所謂的誠實，拿來和餓漢偷走攤販上的蘋果的不誠實做個對比，就能認淸這類字眼背後善變的價值觀了。木土相位的不誠實傾向是相對性的，而且和這類人的人生觀有關，也許他們只是單純地相信自己可以不勞而獲吧！

事實上，木土的相位和一個人的道德息息相關，但是探討這方面的問題有點危險，特別是這類相位涉及的道德並不限於性行爲；它們涉及的範圍更廣一些，通常和誠實與否、自不自私以及其他的對立性有關。而它們所帶來的宗教問題，人們在雙魚座的時段裡一直試圖予以解決。我們可以說這類相位帶來的機會，就是讓人們對善惡的本質有更直接的了解，因爲它們和個人的行爲、人生觀以及顯意識的決定有關。對許多人來說，善惡的議題並不重要，倫理道德的概念也不會造成什麼困擾，因爲他們覺得這是一目了然的事，還有的人則認爲根本不重要。但是對有木土相位的人而言，這些議題卻是人生中非常緊要的事，因爲他們的內心有一種緊迫感，想要依循正確的行爲模式來生活。他們會吸引來某些情況，促使自己解決內在的這份衝突。他們被賦予了整合這兩種觀點的機會，讓自己與內心的善惡兩面生活在一起，充分了解它們的必要性和作用力。這種整合的狀態可以使一個人從幻象和幻滅中解脫出來，讓他有能力接納自己和人生，活出內在的平安與效率，在物質層面創造出一些東西來。這可不是一種微不足道的成就。

土星與天王星的相位

我們必須把三個高八度的外行星看成是一組，因爲它們有某些共通的特質。它們似乎跟榮格所說的集體潛意識有關，現代深度心理學則稱之爲超個人潛意識領域。換句話說，它們會讓一個人和非個人性、屬於更大群體的能量連結，奧祕占星學則視其爲與靈魂有關的發展驅力。這並不代表三個外行星不會從根本上影響一個人，或是無法藉由這三個行星象徵的心理作用力，體認到更寬廣、更根本、更原型的特質。它們很容易刺激一個人快速地成長，遭遇巨大的危機，從而提升了覺知的層次和範圍，這比土星軌道內的行星帶來的個人性影響要重大得多。

一般認爲外行星代表的是個人所屬的世代或集體的潮流，而且只有當它們和太陽、月亮形成重要相位，或是與四交點合相的時候，才會造成個人性的影響。即使它們在許多人的星盤裡不具有重要的意義，也沒有活躍的能量，但只要它們被推進或移位的行星激活，或者在星盤比對中被他人的行星能量刺激了，也可能造成不良的影響。因爲這些外行星會以無法控制的方式，在物質或情緒的安全感上，展現出它們的破壞力。從表面上看來，這些外行星的確會帶來混亂，爲身體、情感或心智帶來一些負面影響，但是就整體精神而言，卻具有高度的建設性，而且能夠爲內心帶來極大的滿足。

天王星、海王星和冥王星的確象徵著無法控制的能量，但這是從小我的角度去詮釋它們。那些從未觀察過潛意識驅力的人，的確很容易認爲外行星的能量是無法「控制」的。我們可以想像一下某位男士站在一個小島上，周圍都是波濤洶湧的海浪，而他正企圖指揮這些大自然的力量；他的聲音在狂風暴雨中根本無法被聽到，這跟我們上面所說的想要控制外行星的能量一樣可笑。這些能量基本上並非邪惡或不友善；它們可以幫助人類完成自我的整合或是靈魂的深層目的，只有當小我企圖對抗它們所代表的內我力量時，它們才是不友善的。與其思考如何控制天王星、海王星和冥王星，或許更智慧的做法就是去了解它們，這樣才能夠與潛意識裡朝著完整方向發展的驅力合作。

在神話裡摧毀者的作用力一向非常重要，但我們到目前還無法眞的了解它，只能以直白瑣碎的方式去解讀它。在印度教的萬神殿裡，濕婆神是三位一體之中必要的摧毀者。

三王星全都是摧毀者，因爲它們會撼動自我結構的基礎，讓一個人瞥見更大的整體。土星象徵的是自我的外圍結構；它會很努力地抵擋三個外行星的勢力，讓一個人不必接受衆生一體這種沒面子的概念；但是在人格的結構裡存有一種致命的缺失，它永遠會導致整個人格結構的瓦解。當這種瓦解的情況發生時，集體性的精神能量就會湧進來。每當這些集體性的能量湧現時，有兩件事會發生，如果一個人能夠詮釋這股力量，讓自己變成集體潛意識的需求的交流管道，就會變成我們所謂的天才，因爲他有能力把一種心理原型個人化，讓別人看到自己內在最深的驅力。但如果此人無法區隔自己和集體的洪流，開始認爲自己的人格就是這股洪流的話，我們就會說他瘋了，因爲他企圖成爲原型本身，而不是扮演一個管道的角色，其結果就是喪失與現實的連結。三個外行星與天才及狂人息息相關，常言道，這兩種狀態的界線是很模糊的。

傳統占星學一向告訴我們說，土星和天王星的四分相是「不重要的」，土星與海王星合相「對個人而言是沒有任何意義的」，土星與冥王星的三分相則「只會影響個人所屬的世代」。同時我們也聽說土天的相位會造成突發的災難，土海的相位會促成欺騙，土冥的相位則似乎跟死亡以及具有顛覆性的犯罪組織有關。但顯然人並不會一分爲二地變成天才或狂人，每個人的人生都會有某個時段遭遇到集體潛意識的衝擊；每個人也都有展現才華或變成狂人的時刻，雖然這些狀態都不會持續不變。就是在這些時刻裡，我們才會最貼近地體認到自己眞正的本質。這便是深度心理學所謂的「高峰經驗」；它們有時也被稱爲「宇宙意識」。不幸的是，宇宙意識和高峰經驗一樣，都無法讓我們了解內在全我眞正的本質。這些都是極爲深刻的個人經驗，雖然它們也可能被視爲人格的死亡或喪失。這些經驗就是三個外行星管轄的領域，它們與土星形成的相位，可能會更朝著這類經驗去發展，因爲自我結構裡的缺失會更明顯。木土的相位也和一些高峰經驗有關，但比較不會帶來三個外行星的那種原始的、非個人性的破壞力。木星並不帶有毀滅的意味。三個外行星的相位之所以具有破壞性，可能就在於它們會帶來巨大的成長和力量。

對那些有兩極化傾向的現實之人而言，三個外行星的能量是比較感受不到的。雖然感受不到，他還是會受到影響。如果自我還沒有足夠的敏感度來體認三王星的能量，並不代表這些能量不會影響它，或是不會造成潛意識的反應。對那些尚未穿越土星界限的人來說，這三個外行星的能量是很難意識到的；一個人也許是生活在地洞裡，意識不到太陽的升落，但這並不會制止太陽從東邊升起，從西邊降下。我們有一種很不幸的觀念，總認爲自己如果不了解某個東西，這個東西就不存在了。三個外行星帶來的悲劇就是源自於人們不認識它們，所以它們象徵的動機要不是完全被忽略，就是被當成了「神祕學的無稽之談」，即使是經驗性的心理探索，對許多人而言仍然是神祕學的無稽之談。結果就是當三王星的能量湧入個人的生命時，突然帶來了悲劇和毀滅。這並不是一種宿命，是人無法意識到的內在節奏和內我的顯化。

我們很習於假設古人對這個三個行星的存在是無知的，因為古代占星學只承認七個星體的存在。有一種說法似乎很有道理，那就是每個外行星被發現時的集體情況，剛好都符合那個外行星所代表的意義。榮格將這種現象描述成「同時發生性」：內在的情況和外在的顯化完全吻合，但表面看來卻好像沒什麼關聯。因此在現實的層面上，天王星被發現的時候，就是人類在電力和工業上突破的時刻，同時也造成了兩次重大的政治革命，讓新形式的政府誕生了。在集體意識的內在次元裡，人們則開始發展出兄弟愛、自由和個人主義的概念，也開始嘗試用心智去掌控大自然的勢力。

那些被我們視為演化較低的先人，似乎早已隱約地感覺到這些能量的存在，因為神話學早就賦予了它們特定的意義。在神話裡，三王星代表三個隱藏在暗處而又遙不可及的神祇。烏拉諾斯（天王星）被克羅諾斯（土星）閹割之後，失去了原有的權力；不過神話並沒有說明祂到底是死了，還是神根本不會死。總之，祂性器官的血灑落在大地上，孕育出三位復仇女神，然後從海水的泡沫和祂性器官的精子裡，又誕生出了艾弗洛黛蒂（金星）。海地斯（冥王星）掌管的是地府，但很少從地底的洞穴出來；當祂現身在地面時，仍然戴著隱形的頭盔，因此一般人是看不到的。波賽頓（海王星）掌管的則是海底世界，祂可以在海底製造出陸地上的風暴。神話學是以最純粹、最原始的方式來呈現集體潛意識的內涵，因為它把無數個世紀以來口耳相傳的詮釋，蒸餾成了一種精華。天、海、冥三王星的深層特質，的確代表集體潛意識的某些能量。

土星和天王星一向是敵對的，土天的相位確實會造成人格的不舒適感。天王星代表的是渴望突破物質制約的驅力，它想釋放內在的創造力，學會用心智來掌握大自然的力量，土星代表的則是認同物質形式，讓自己擺脫掉集體性的考量。寶瓶式的人格特質裡有一種矛盾性，這類人既尊重物質形式和理性邏輯，又傾向於抽象概念和直觀，而寶瓶座就是由天王星和土星主宰的。天王星有能力產生原創的想法，而且能夠把這種想法和具體的現實連結，這樣的才華目前並不能普遍地見到。它和魔法及形上學有關。在這一類的領域裡想法就是現實，而思想的專注力和掌握物質世界的力量是連結在一起的。近年來透過科學實驗，人們已經發現思想的確能影響物質；這無疑地是一種天王式的洞見，同時我們也開始透過治療和醫學領域裡的「邊緣」學派，譬如同類療法和放射性療法，得知人是由更精微的能量組合成的，而思想的確能影響這些精微能量，繼而影響到身體的健康。人類發現天王星到現在已經有兩百年了，但人們才開始真的認識它的作用力。經過了兩個世紀，我們才開始在意識研究領域裡感受到心理原型的力量。透過這些洞見，人們也開始發現土星的真實面貌，因此那些具有土天相位的人所擁有的機會，也許就是把天王星的創造力變成物質形式吧！

在個人的日常生活裡，這類相位可能造成兩極性的擺盪，在依循成規和展現個人特質之間產生矛盾衝突。由於我們很習慣把土天的相位視為一種衝突，所以更需要仔細檢視它們。（土星和社會的具體結構有關，也跟促成自我保護和帶有界分性的行爲有關）。這跟水象人、特別是巨蟹人的那種適應社會以滿足個人需求的傾向是不同的；土星強調的是既定行爲的方式，因爲人們過去都是採用這種方式，而且一向被視爲有意義的。土星依循的傳統成規不會隨著人類精神的發展而跟著成長，它會把這些成規結晶化爲一種儀式，最後只剩下沒有生命力的空殼子了。事實上，這並不是土星眞正的作用力，這是源自於個人因應土星的力量而產生的反應。天王型人的自我表現方式則鮮少受環境影響，比較是源自於個人的直覺，所以顯得比傳統結構更眞實、誠實和根本。這並不代表他們比較自私，而是可能觸犯到集體的福祉和安全保障。天王型的人並不是爲自己抗爭，他們代表集體或是爲集體抗爭。土星和天王星最大的差異就在於，土星的模式在過去已經被證實是可行的，雖然並不保證未來也可行，天王星的現實則是在腦袋裡的，這類人心中的洞見並沒有在現實層面獲得證實。當這兩個行星形成相位時，人往往會認同其中的一方，而沒有領會缺少了任何一方都不完整。

一般人如果沒有發展出天王星的意識特質，通常無法看見整體性的畫面，也不能在現實中運用這份洞見；他們只能任由這種意識緩慢地浮現出來。這麼一來，天王星的能量就會變成突發的危機，而且會涉及到權威、父母、傳統價值，或是和別人的意見產生衝突。天王星會僞裝成一種機會，形成某種視野，暫時性地瓦解社會價值和傳統思維帶來的穩定性和保障。一個人如果不能以清明的方式展現這股驅力，或是根本懶得去思考這些事情，也不想把上天的法則落實到大地，就可能遭遇自己吸引來的無情打擊：譬如事業瓦解了，突然與法律起了衝突，婚姻也變得一團混亂。這意味著天王星要我們不再認同身外之物，讓我們意識到潛意識的集體驅力是什麼。土天的相位似乎意味著當下就要重新評估概念的源頭。它會讓一個人不得不在眼前的情況裡證實自己的神奇力量，方式是透過獨立思考來成爲一個心理上成熟的人。即使我們並不清楚這兩個行星的相位會造成什麼影響，到了人生的某個階段仍然會面臨它所提供的挑戰。即使我們在顯意識層面無法接受它們帶來的影響，仍然會被迫接受而可能會稱之爲運氣不好。如果我們說有一個行星和「同時發生性」有關，那或許就是天王星了。

這兩個行星形成的相位有時也跟政治或社會的無政府狀態有關，土星的反應是害怕這種混亂狀態中的力量，而天王星的洞見對土星來說，則似乎只會帶來巨大的混亂，因爲這種洞見在以往並沒有奠定具體的現實基礎，只是一種想法上面的才華罷了。這份恐懼會讓一個人執著於法律，也可能執意地想證實自己可以不受法律約束，但這兩種反應都是源自於面對集體勢力的無力感。有這類相位的人所屬的團體，似乎會要求他們做出一種選擇；他們一方面會覺得必須爲眼前的社會做些事，另一方面又想要對抗它。他會傾向於認同這個集體中一半的人。如果他試圖脫離社會孤立自己，就會無意識地吸引來一些情況，讓他必須放棄這種孤立狀態。無論喜不喜歡這種情況，集體意識都會召喚他，而他防衛性十足的外殼的某個部分可能得捨棄掉，這樣才能更寬廣地理解所屬的更大的生命體。

由於這兩個行星的組合與個人的人格似乎沒多大關聯，所以我們不能說它們形成的相位帶有個人特質，它們比較代表一個人和他從屬的關係，以及他和團體接觸時會發生的狀況。有些人比其他人更能展現時代精神，有些人則能覺知到自己參與的情況，另外一些人只是盲目地幫助社會模塑它未來的形貌，而並不了解自己痛苦的本質以及集體性的面向。一個人對這三個外行星所象徵的意義的敏感度，的確和他能不能帶著覺知活出這些意義有關。即便這個人的覺知範圍太窄，無法意識到外境的意義，亦即這個載體缺乏敏感度，土天的相位仍然會影響他，讓他放棄自我的結構來完成集體的要求，然而他不會明白這件事是如何發生的，他只會覺得自己遭到了命運的捉弄。

每一個和土星形成相位的行星，似乎都要做出一些犧牲，這種犧牲通常意味著解決一種道德上的衝突。但人格中的黑暗面與光明面之間的掙扎，最後還是得轉成更寬廣的視野，也就是要化解二元對立的衝突，把心量拓寬到能夠包容對立的面向。這似乎是心理占星學和奧祕占星學共同的看法，此外我們也可以從神話學裡的海克力斯與海德拉大戰的故事，發現到這個概念。海德拉這個九頭怪蛇是無法用一般方式打敗的；為了使出最後的一擊，海克力斯被迫跪在地上，捧著這個怪蛇的頭朝向陽光。就是這種截然不同的方式，讓他最後戰勝了怪物。任何一個與土星形成相位的行星，都會產生一種光明與黑暗的對立，而黑暗面往往是土星象徵的這一面。透過這種掙扎，個人才能把內在的衝突昇華到更高的層次，從這個經驗中得到更大的成長。為了達成這一點，此人必須先覺知到掙扎，並且去了解它的本質，然後就能善用他被賦予的機會。

土天的相位帶來的衝突，似乎是發生在孤立的自我和群體共有的信念之間。一個人能不能既是群體的一部分，又保有自己的獨特性，這個問題就是土天相位帶來的挑戰。此人的靈魂似乎會迫使他朝向個人性的成果去發展，但同時又會意識到群體的需求，所以很想把自己的成就貢獻給群體。我們在過去的歷史裡似乎很難把這兩股對立的慾望融合在一起，其中的衝突導致了許多政治意識形態，而且很難整合成兩者兼顧的情況。在個人這一方面，這種衝突會製造憤世嫉俗的人，他們痛恨的對象多半是由土星所象徵的事物，至於那些死忠於老舊系統的人，則會對個人的需求毫無同情心。有土天相位的人得解決內在的這兩種法則帶來的問題，這樣他才能與人攜手共進地朝著集體的整合而努力。這種整合的能力似乎是寶瓶座的才華之一，或許當人類演進到下一個寶瓶時代的階段，個人就可以發展出這種能力了。

土星與海王星的相位

海王星一向象徵著集體潛意識的另一個面向，一種非個人性或集體性的驅力，而且似乎需要犧牲掉人格的某個面向。如果說天王星是跟集體或原型式的概念有關，那麼海王星就可以說和集體性的情感有關。人類是透過天王星的創造力來達成一種融合性，透過海王星所象徵的情感認同或神入能力，來達成最終的合一境界。海王星象徵的是與整體融合的內在渴望；它其實代表一種陰性而非陽性法則，同時也象徵著集體的情感反應。海王星同時也扮演著摧毀者的角色，因爲在滿足集體需求的同時，它往往會跟個人的基本情感需求敵對。海王星有時也和潛意識的領域有關，特別是集體潛意識，不過這種概念會把人的精神範疇窄化成純粹的感受性，而集體潛意識的大海裡其實包含了各式各樣的作用力——感受、思想、覺受和直覺。海王星尤其跟消溶掉帶有區分性的智力活動有關，因爲它是一個完全非理性的行星，而且會促使一個人去認同集體意識的感覺面向。用大海來象徵海王星是很貼切的形容方式，因爲它不斷地在變動、深不可測又神祕，同時它也象徵著生命的開始和結束、出現和消失。企圖與這樣的原型達成和解似乎很困難，或者會顯得有些深奧難解；但外行星本來就不容易藉由理智來詮釋清楚。我們很難用三兩個關鍵詞來描述海王星的能量；我們必須藉由神話學和心理學來解釋這個行星在本命盤的意義。它象徵著大海、生命的源頭，以及溺水所導致的死亡，而這一切都能喚起一種智力無法了解的直覺。海王星是一股非個人性的勢力，其效應就像是溺水而死一樣。個人會沉浸在集體性的情感大海中，而喪失了自己的情感反應。他不再是一個獨自存在的個體。每當一群人的情緒被激起時，你就會觀察到此種經驗；這時個人好像不存在了，而團體裡的這群人變成了一個整體，共同懷著一種非理性的情感。

土星象徵的就是用具體經驗來建構小我的結構，然後從群體之中獨立出來，因此在本質上它是跟海王星的自我犧牲驅力對立的。這兩個行星沒有共通之處，而土星爲任何一個行星帶來的陰影作用力，又會強化它們之間的差異性。如果說海王星與感受或無區別性的集體情感有關，那麼土星扮演的就是具體運思的角色，目的是要保護個人。這兩個行星之間的衝突，就在於一方想保有個人的獨立性和興趣，另一方則想讓此人超越自己，投身於人類共通的情感大海中，做爲一種自我救贖的方式。在我們尚未與海王星爲個人帶來的自我否認傾向和解之前，必須先明瞭它所造成的烈士情結和自我犧牲的儀式性行爲，否則我們就會用「受虐狂」這樣的字眼來形容它，好像它的這種渴望是一種病態似的。在神話和民間傳說中很容易觀察到這種傾向，就好像一個人藉由自我犧牲，可以變成神一樣的人物。這是人類的一種古老的理想，而且絕不是病態，因爲裡面帶有靈性的意味，還有一種心理上的正當性。

海王星的這種把自己當祭品的傾向，經常被人們詮釋成有害的影響力。它的確會傷害到個人的慾望，以及具體形式的那一面。它不像天王星那樣會帶來混亂，因爲它是以被動的抗拒或無能來達成目的。受到土星與海王星影響的人格，先天就帶有一種消彌的作用力。這類相位會在一個人的生命領域裡造成一種基本的缺失和盲點，這樣才有空間接收集體意識要他犧牲自我的召喚。這類人會充滿著憐憫、願景以及一種浪漫式的愛，這些傾向都會讓他們願意爲集體犧牲自我。在一般人的身上，海王星會帶來一種雀躍、輕率和狂喜的特質。海王式的人格之中的確有戴奧尼索斯的瘋狂特質，雖然它戴上了一張自我犧牲的面具。狂喜的時刻就是自我轉化的時候，此人會在這時經驗到罕見的一體性，也就是所謂的神祕家的洞見。對於那些有實際經驗的人而言，這是一種深刻又眞實的體悟，但是對沒有經驗過這種狀態的人來說，卻是毫無意義的事。我們很難淸楚地描述海王星滲透土星的防衛機制，會帶來什麼樣的心理效應，也許我們只能說它會讓一個人狂喜地溺斃。這種昇華的意識狀態會被一種非理性的感覺染著，有點像那種願意爲小孩犧牲的心情。以犧牲來顯示對集體人類的愛，乃是海王星的關鍵特質。在狂喜的那一刻，個人會覺得與衆生合成了一體，至於以何種方式犧牲，反倒是次要之事。

這就難怪土海的困難相位會跟藥物及酒精有關。一旦嚐到狂喜的滋味，就很難接受它不再出現的事實。戴奧尼索斯是個有上癮症的神，因爲對大部分的人而言，只有透過情感的面向才能與集體意識連結。從這個層面來看，海王星的能量比天王星更容易接近，因爲大部分的人都有感覺，但是知道怎麼思考的人卻不多。

土海的相位的確也跟創造性的想像力有關，而且這樣的人往往能把他的創造力變成具體的形式。但是海王星的想像力，不論是透過色彩、聲音、動作或文字表現出來，通常都是原型式的；每個人都會被其中的深刻情感所觸動。海王式的歌曲創作者，可以藉由他的歌詞牽動大衆的情緒，因爲每個人都會覺得這首歌是爲他一個人寫的；海王式的畫家所畫出的畫，也會讓每個觀賞者有一種被吸引的熟悉感，就好像在自己的夢境和幻想中看過這種意像似的。海王人的才華就是與原型式的情感有深刻的連結，而星盤裡有土海相位的人的確被賦予了一種機會，可以藉由他們自己的創作與別人深刻地交流。他傳達原型情感的能力，就像土天有相位的人能夠傳達深刻的觀念一樣。即使這個人不是一般所謂的藝術家，仍然有可能體認到這種投入集體情感大海的經驗，而且能夠與人分享這種經驗。或許他只是在製造一種幻覺，但是在這個幻覺出現的那一刻，他已經不再是原來的自己，因爲他覺得與全人類合一了。

雖然如此，他仍然得爲這類經驗付出代價，因爲他的小我會被這種經驗侵蝕掉。他從此不能再聲稱自己是個獨自存在的人，也不能聲稱自己的慾望是獨特的。土星的那種孤立的錯覺，把集體的感受視爲乏味或過度情緒化的論斷，都必須放下之後，才能體會集體情感之中的力量。但海王星並不是一個多愁善感的行星，它是不帶有個人性的。多愁善感是金星和月亮的特質。海王星其實代表的是在集體的大海中溺斃，接受集體情感的洗禮，結果是個人的慾望不再有任何重要性，尤其是當集體要求個人爲衆人的福祉犧牲自己的慾望時。難怪古人會認爲這種經驗是神聖的，帶有一種淨化和神性的意味。

不幸的是，人類差不多花了兩百年，才開始欣賞天王星所象徵的集體性洞見，所以無疑地，我們也得花上另一個一百年，才能開始欣賞海王星的作用力。到目前爲止它展現自己的方式都是有點扭曲的，似乎和社會裡的內在精神結構不太相容，這可能源自於我們總是企圖壓抑感覺的作用力，將其推回到潛意識底端，讓它受盡各種扭曲的傾向和怪僻的汙染。土天型的人有時會變成自派的革命家，或是制定法律的統帥，土海型的人則可能變成自派的彌賽亞。自我犧牲的神聖特質，會因爲土星帶來的一種不自在感而遭到扭曲，然後這個人就會開始把自己當成集體之中的一個獨立的人格，認爲自己可以透過犧牲奉獻來完成一種神祕的使命。他或許眞的負有這種使命，但也可能藉由犧牲的行爲來搶救殘餘的自我。你很難確定土海的相位會帶來什麼情況，因爲極有可能這兩種狀況都包含在內。有土天相位的人會被法律、組織及社會習俗吸引，有土海相位的人則會被宗教及靈性修持吸引。

不幸的是，沒有任何一群人比宗教門徒更容易變得自大、誇大、在背後毀謗、爭權奪勢、情感麻木、過度多愁善感。這似乎是道途上很難避免的危險。海王星比起天王星的能量要更隱微一些，出現的時間也晚一些，因爲天王星會先讓一個人中斷自己的事業，徹底改變生活方式。從心理學的角度來解釋，我們可以說某些宗教門徒的確會激起集體意識裡的這些反應，或是讓個人更貼近這種類型的能量。土星代表的個人意識碰上集體的能量，結果一向是不安定的，即使這種狀態在過去已經出現過幾百次了。如果這兩個行星的相位是出現在一個人還未穩定之前，或者在土星代表的精神特質尚未被消化整合之前，那麼此人就可能會自我膨脹。海王星帶來的自我膨脹特質是源自於人類強大的感受性，這種感受性受到海王星的影響，很容易變成一種迷惑，因爲集體性的情感帶來的狂喜，會令人忘掉它破壞性的一面。爲了釐清這個概念，我們可以思考一下過去的兩千多年來，人類如何在海王星的魅力之下經歷了雙魚座的階段，亦即過去的兩千年中所經驗到的宗教排他性、狂熱主義和殘酷的迫害，這些情況同時和基督教所倡導的愛、慈善及自我犧牲，快活地並存著。

我們顯然還不完全了解海王星的特質，我們只能藉由宗教的象徵符號隱微地覺知到它，或是透過我們所謂的集體潮流的魅力才能意識到它；這些都是集體潛意識的精神暗流的外在表現。當特定的時尚或音樂風潮席捲整個文明世界，變成集體情感的象徵時，我們就會瞥見海王星的作用力。它一向是藉由感受性來表現自己，從而影響到我們情感上的價值觀。土海的相位似乎被賦予了一種整合這兩種法則的機會，讓一個人變成用創造性的方式來表現集體情感的管道。而這可能只是一種相對的整合，因爲我們還無法以完美的方式重建海王的能量。海王星帶來的洞見只會在個人的生命裡出現片刻，而且是以十分隱微的方式顯現出來。如果此人能夠更清醒地產生反應，那麼海王星帶來的機會，就會讓他善用集體情感，創作出一些東西來。

土海相位對藝術家而言是很重要的，因爲它們會讓他自在地獲得一種源自於集體的靈感；可惜的是，不是每個人都是藝術家。如果一個人無法以這種方式來表現自己，就必須爲土海的相位找到表達的管道，而這往往會呈現在私人關係和靈性願景上面。這類人必須達成一種平衡性，讓源自集體的情感淹沒他的人格，否則極有可能導致瘋狂。不過土海的相位也似乎保證能帶來微妙的平衡性。在一般人的身上，土海的相位通常象徵著多愁善感和實事求是的特質，而且只能覺知到情緒冰山的一角。他可能無法意識到情感層面緩慢的淨化過程，因爲這個過程是發生在意識的底端，而且是藉由每個犧牲奉獻的行動、每回與集體的情感連結而達成的。

任何一種藝術工作的能量，似乎都埋藏在激發集體情感的能力之中。爲了得到這股能量，藝術家必須先捨棄自己的小我，變成傳遞集體情感的管道或使者，至少得局部性地做到這一點。這樣藝術就會變成一種煉金的過程，而藝術家也能在這個過程中逐漸轉化自己，甚至救贖自己和他人。海王星是個很隱微的行星，所以不容易被理解，到目前爲止我們還沒有發展出足夠的敏感度，來毫不扭曲地詮釋它。有這種能力的人是極爲罕見的，某些人只能詮釋到一種程度罷了。諷刺的是，土海的相位在娛樂圈裡經常出現，包括音樂界和電影界。這跟傳達集體情感有關。娛樂界的這些英雄們能夠道出衆人的心聲，但並不是每個人都可以展現這種才能，也不是每個人都會顯現出瘋狂狀態；只有那些有土海相位的人才有機會瞥見縱身投入大海的狂喜，以及其中的瘋狂和才華。

土星與冥王星的相位

如果我們還無法毫不扭曲地詮釋海王星的作用力，那就更不能詮釋冥王星的作用力了，因此到目前爲止冥王星仍然是占星學和心理學上的一個謎。在神話裡，冥王管轄的是地府，幾乎每個國家和民族都有這樣的神話及傳說；除了天上的衆神之外，地下也有一個管轄靈魂和死者的神，而且特性都很相似。祂是奥林匹斯衆神殿裡唯一的，話一說出口就無法被人、神改變的神祇。死亡也是無法更改的；當任何一個事物終結或完成的時候，就無法再以同樣的模式創造出來了——包括個人、意識狀態、感受、關係以及社會。生命也許能一直存在，或是以另一種形式呈現出來，但既有的形式已經結束，而且永遠無法以完全一樣的模式重新建構。因爲這個生命的內在特質已經改變，所以死亡才會跟生老病死的線形時間有關。形式底端的存有則是超越死亡和時間的，而且能在死亡之後進入更大的生命領域。這是奧祕教誨的一種概念，但我們的確可以從人的靈魂觀察到這種作用力。當一個人面臨死亡而新的一頁即將展開時，他本來的特質仍然存在著，但生命結構已經改變了，而且再也無法以同樣的模式呈現出來，因爲他已經賦予老舊的結構一種新的特質。他再也無法回到過去；然而他的根本自我並沒有改變。我們也可以從社會結構、國家、宗教和大自然，看到這個歷程的始末。我們可以試著去理解這種生死的原型，以及不變的核心的輪轉循環，因爲冥王星就像其他兩個外行星一樣，和這種無法以幾個關鍵詞來描述的演化進程有關，而且必須用好幾種象徵系統來了解它和個人星盤的關係。有一個最古老的象徵，自吃自生之蛇，或許可以代表這種生死的無盡循環。我們可以說一個人的星盤裡的冥王星，代表的就是與原型經驗最接近的死亡再生過程；然而除非我們了解了死亡再生在心理成長上的價值，否則這種說法也只是一種無意義的推論罷了。

土星和冥王星有許多相通的特質，在神話學和宗教上面，這兩者的特質經常是重疊的。它們都跟黑暗、摧毀、路西弗、黑暗王子或是象徵混亂的怪獸有關，而且從其中會誕生出嶄新的意識。在行星的排列裡，冥王星是土星唯一眞正的朋友，諺語說得好，有了這樣的朋友就再也不需要敵人了。它們象徵著同一種精神歷程的兩個階段，因爲這兩個行星都會把人帶往黑暗，也都暗示著藉由火煉的痛苦和淨化來發展智慧。它們也都跟充滿著掙扎的成長有關。從某個角度來看，土星是進入冥王領域的守衛，因爲外在的價值必須瓦解之後，才能進入冥王的煉獄。基於這個理由，神話裡的卡隆（Charon），接引亡者的靈魂進入地府的冥河擺渡者，一向能反映出土星的特質。這些神話人物都和象徵著惡魔的智慧老人有關，祂們也和痛苦的經驗帶來的教育價值有關。透過觀察我們會發現，當一個人失去了一切的時候，才會了解他本身並不是那些喪失掉的東西。在地府的大門口有一隻三頭怪獸負責守門，這也暗示著在門後靜待的惡魔：土星。童話故事裡的英雄必須征服了一堆的惡魔、巨龍、食人魔、巨人和其他的怪物，才能贏得美麗的公主和繼承王國，這一切都跟這幾個行星有關。這些故事敘述的情節其實都是心理的發展歷程，或是意識的不同階段，而且最好是透過象徵性的故事來解釋，因爲很難用邏輯語言詮釋清楚。這些故事描述的是活生生的生命歷程，凡是走過這些歷程的人，都會在主客觀的層次上對其產生了解。

一個有土冥相位的人最明顯的特質就是「執著」。這些人似乎在小心或刻意地朝著自我毀滅的方向發展，雖然他們能完全意識到這種執著的行爲，卻無法控制它。冥王星和海王星一樣都跟感覺相關，但是代表不同的面向。海王星和集體的情感及至樂有關，也意味著藉由一體性的情感經驗來達到忘我境界。冥王星則似乎和帶有破壞性的情感經驗及成長有關。它往往會帶來分離，或是失去摯愛的東西，包括人或某種抽象的事物——自己所珍惜的理想、信念或生活方式。透過痛苦來學習抽離，經常是冥王星帶來的經驗，因爲人會在冥王的生命領域裡產生過度的執著，特別是在慾望層面。此人內在的某種東西必須先死掉，才能擺脫這種執著傾向，學會控制自己的情緒和情感，否則便無法繼續存活下去。

這種藉由內在的死亡而發展出的掌控能力，如果加上土星的那種認同形式的傾向，以及繼之而起的幻滅、孤立和覺醒，很顯然會帶來深刻的自知之明和解脫。這種境界需要歷經一段內在的摧毀過程，而且必須藉由情感上的痛苦來達成。這類人內在的某個東西會驅使他投入摧毀性的經驗，迫使他檢視自己，直到他找到一個不再執著的立足點爲止。這聽來好像非常戲劇化，但是有土冥相位的人的確不缺乏戲劇化的人生劇情。他們會把某個生命領域誇大成帶有神話式的重要性，這時某種宿命般的集體經驗，就會悄悄地進入此人的生命裡。他可能會扮演英雄、瀟灑的王子或是美麗的公主；他也可能被魔鬼、巫婆或自然界的邪靈附身。他不只是他自己而已，同時也是這些原型人物。如果還記得冥王星是跟集體潛意識有關的行星，就會了解這種說法了。

土冥的相位往往會造成沉鬱的性格，而且顯然也跟自殺的念頭有關。和諧相或次和諧相與困難相位的差別不大，因爲它們都會讓一個人變得內向，產生一種孤獨感。不幸的是，一般人都不太了解自己的內心發生了什麼事，也看不到這種執著的模式是源自何處。這些人會把這個模式投射出來，認爲是別人的執著帶來了問題。這股驅力是一種潛意識的傾向，而它似乎想迫使一個人進入煉獄，不論他是否意識得到這股力量。這類相位也會讓一個人變得非常獨立；他們會覺得如果尋求太多的協助，就無法從自己的經驗獲得一些東西。土冥相位典型的性格特質就是抑鬱、沮喪、不斷地自我探詢。這些傾向會在逃避生命的挑戰、只想活在表面的層次，也就是企圖過度彌補的時候，充分地顯露出來。土冥的相位會讓這些模式出現一陣子，但並不會持續太久。這類人的靈魂會促使他們深入地探索自己，如果這些傾向是無法意識到的，就可能藉由痛苦、孤獨、某種悲劇或是強烈的情感震撼，迫使他往內探尋。有土冥相位的人不允許自己逃避任何事物，也不可能輕鬆地掠過任何一個生命經驗，如果他試圖這麼去做，就會違反內在的模式，而遭到各種試煉。他如果能明白這是自己選擇的發展方向，就會知道怎樣與其合作，然後就能出現成長的機會。一旦學會以抽離的態度面對自己的慾望，就能更自由地過日子，因爲不再有任何東西可以掌控他們了。

死亡再生是一種原型經驗，所有的神話或童話裡都有這種動機存在。國王或神祇必須死於秋季，然後在春季重返人間；英雄也會過世，然後被美麗的公主或神奇的動物治癒而復活。死亡是重生的必要條件。在基督教裡面，這種原型也是以很明顯的方式呈現出來。不過這種原型並不是基督教所獨有的，因爲它早就存在了。有土冥相位的人在人生的某個階段必須死亡再生，而這種再生涉及的範圍是非常廣泛的，不單單是某種生命態度或關係的重生，是整個自我的外殼都被摧毀了，這樣才能發展出新的意識狀態。土冥的相位似乎會帶來摧毀自我結構的經驗，然後提供一個機會讓這類人發展出更平衡的心態。這些相位也和高峰經驗有關，它們會讓一個人完全脫離慣常的意識框架，彈跳到嶄新的意識層次。這時生命的意義會變得十分明顯，而情感試煉背後的目的也會昭然若揭。通常這種經驗是墜入情感的谷底時才會出現的；他可能正在瀕臨或已經從某種崩潰的狀態走出來，或是感到極爲孤獨，正在經驗結構上的瓦解。這種絕對孤立的狀態，會讓一個人突然產生洞見，然後從痛苦的灰燼中飛躍出來，以截然不同的角度看待事物，並且找到嶄新的人生目的。土冥成緊密相位的人時常會得到這類啓示，而且是在極大的痛苦和沮喪之後出現的；這些人在情感上的耐力瀕臨極限時，才會徹底放棄原先執著的慾望。這些經驗帶來的療癒力量是無庸質疑的，而且很難歸類於任何宗教象徵系統；或許它們應該被視爲一種「改信」的歷程。不論怎樣，它們代表的都是人類精神裡死亡再生的力量。

當重要的情感、危機或事件發生時，往往都是冥王星移位或推進本命盤的時刻。諷刺的是，它通常會在婚姻不該出現恐怖的死亡時，變得格外活躍；伴侶生活是冥王星最熱愛的煉獄。它主要的表現工具就是慾望和意志力。它和激情以及佔有或吞食的衝動有關，而性的衝突和執迷也是冥王人的性格特質之一。但冥王星重視的並不是肉體而是精神上的融和，還有性行爲背後的意義。基於這個理由，所以煉金師喜歡用冥王星來象徵婚姻和聖婚，或是用它來描述意識和無意識的相會；而煉金術裡面的聖婚，一向是在黑暗、敗壞和死亡之後出現的狀態，如此才能讓鉛變成黃金。藉由與另一個人在性上面的融和，一個人會經驗短暫的小死和再生。不過當然，這是一種不易出現的理想狀態，就像鉛不容易變成黃金一樣。在煉金術裡，鉛這個金屬就是由土星所象徵的。人格是由四分五裂的部分組合成的，其中有些我們可以意識得到，有些則是無法覺知到的，所以必須經歷淨化和死亡，才能達成一種內在的整合。

雖然土冥的相位並不是個人性的相位，但卻會帶來強烈的情緒效應，譬如盛怒、無能感、嫉妒和挫敗。集體意識的衝動會藉由這類個人性的表現，來促使一個人往高層意識發展。若是能了解這些內在的衝動，將有助於一個人的成長，因爲缺乏覺知的話，此人就可能做出過度的行爲，以不必要的殘忍方式來摧毀自己。這兩個行星的組合帶有自我毀滅的意味，不過毀滅的是小我，或是由土星所象徵的自我保護的外殼。以心理學的語言來解釋的話，土星代表的是隔離出來的片面性自我，因爲切斷了與整體存有的連結，所以只能從狹隘和固著的角度來看世界；當這個結構被撼動的時候，就是一種死亡，因爲這時一個人的參考架構會變得毫無意義，但卻能帶來眞正的轉化。土冥的相位會釋放出巨大的能量，所以是不可低估的，而且因爲它們的進行速度很慢，所以影響力會持續很長的時間。有許多人都是在土冥形成相位的時段誕生下來的，因此這些人多少都帶有集體的渴望，想要得到自我了悟；事實上，與他人共享同樣的經驗，並不會否定掉自己的重要性，反而會強化自我的存在意義。

土冥的相位如同土星和另外兩個外行星的相位一樣，似乎都跟我們所謂的瘋狂狀態有關。當一個人擁有了天才般的敏感度的時候，同時也可能接收到其他導致瘋狂的能量。土星是一個正在建構中的自我的外在鷹架；更貼切的說法應該是，伴隨著意識的進展，深層的自我會逐漸揭露出來。人格的鷹架包括了潛意識裡源自於恐懼的防衛機制，以及善用靜默和獨處時段的智慧，如果這個鷹架在結構尚未完成時被拆掉了，就必須再造一副新的——這個工程要花費的時間，可能比一個人的壽命還要長些，因此只有當內在的統合完成了，外在的鷹架才能除去。土星和外行星的相位似乎能加速一個人的成長，因爲它們會引領他進入集體性的經驗；這類經驗往往有強大的轉化力量。它們提供了快速成長的機會，但是也會破壞外圍的鷹架。有這類相位的人必須在土星和外行星之間取得一種平衡，以免往兩極的方向擺盪。有這類相位的人在任何一個發展階段都很難走捷徑，因爲他們的敏感度太高了；但矛盾的是，這些人也可能基於內在的緊迫感而很想走捷徑。原型式的力量既包含著天使的大能，也包含魔鬼的勢力。如同煉金師一樣，我們也可能會吶喊：「請拔除我心中的黑暗，照亮我的感官。」

土星和外行星的相位一向代表創造性的表達能力和自知之明；它們同時兼具著轉化和破壞的特質。如果一個人願意去探索自我以外的世界，或是集體無意識的領域，那麼他不但能整合自己，也可能體驗到集體的完整性。

〔第六章〕

星盤比對

仔細觀察過土星在本命盤的作用力之後，我們應該很淸楚它在星盤比對上的作用力也不可輕忽。任何一段關係缺少了土星的影響，都不可能經得起時間的考驗，也不可能讓涉及這份關係的兩個人有所改變。我們經常會忘掉一件事，那就是關係之所以形成不是爲了得到快樂；關係乃是爲了完成某種未竟之事而形成的，因此它本身不是一個結尾，是一種不斷在成長的歷程。這意味著凡是能刺激成長的關係都不可能不帶來痛苦和侷限，雖然我們會因爲無知和誇大痛苦而阻礙了彼此的成長。大部分的關係都有許多源自於潛意識的投射，因此很難從客觀的角度去看對方眞正的本質，而竭力想讓這份關係的互動從潛意識變成顯意識，不可避免地一定會帶來痛苦——面對自己的痛苦。透過逐漸揭露的自我認識來攜手成長，就是土星爲關係帶來的效應，雖然沒有人把它看成是與愛有關的行星。

當我們從這個角度去考量的時候，就不會覺得土星的強勢位置是天秤座有什麼奇怪了，因爲關係本是我們最難修的一門功課，也是我們最重要的成長方向。當關係出現最困難的情況時，我們可能會怪罪冥王星的邪惡本質，而忘了社會並不重視關係這門藝術。關係是一種屬於情感和直覺的領域，它和心智的邏輯或具體的世界比較無關，因此我們很難在目前的制約下發展出對彼此的細膩了解。土星眞正的價値只有藉著別人的影響力才能測試出來，就像一座建築物在承受外來的壓力時，才能看出它的堅固程度。土星就是用來測量果決力的那把尺；它象徵著透過自動自發的努力而形成的自我結構。它同時也能測量出一個人面對外在環境的防禦力，這種防禦力在某個階段是必要的，而且只有當內在的結構完成了之後才能拆掉，如此方能讓社會機制順利地運作。

在星盤比對裡面，土星的相位往往是讓兩個人牽連在一起的理由，雖然它不能算是一個代表浪漫愛情的行星。我們一般所謂的愛情，其實是一種源自於潛意識的投射作用，因此缺乏覺知的人很可能把內在的陰影面，或是屬於相反性別的面向，投射到他所愛慕的人身上，而形成一種吸引力。有許多心理學上的分析都探索過這個現象，可悲的是占星學卻忽略了它。大部分的關係底端都埋藏著一股驅動力，這股驅力造成的伴侶方面的抉擇，並不是一種淸明的決定，比較是源自於潛意識底端曖昧不明的演化目的。如果這聽起來像是一個太複雜的運作機制，那麼我們或許可以把它看成與頭腦或人格無關的動力，因爲它屬於人類精神裡的某個我們不熟悉的領域，而且經常會顯現成夢想、幻想、突發的情緒或心情。如果以奧祕教誨的角度來詮釋，我們可以說關係是由潛意識設定好的一種靈魂的選擇，這樣它才能有所學習和成長。我們必須透過自我發現才能贏得愛的權力，讓愛變成一種帶著覺知的行動，而且至少得有一次痛苦的經驗，否則很難發展出這種能力。土星帶來的禮物是自我發現的能力而非挫敗感。

從奧祕占星學的角度來詮釋土星在星盤比對裡的作用力，會帶給人非常豐富的認識，而且值得另外做深入的研究。事實上，土星早就在伊甸園裡扮演過撒旦的角色，而且那時它就懂得用善惡二元對立的知識來交換無知的狂喜。土星一向被稱爲「業力之王」，業力指的是根據內在的某種特質吸引來外在的某些情況，而這也意味心理占星學和奧祕占星學對土星的詮釋是大同小異的。我們不能說一個女人的土星和她丈夫的太陽形成一或二度的正合相，就一定會制約和限制他，或者這份關係就是一種業力的連結，因爲這樣的解釋並不能幫助這兩個人轉化一直以來的憤怒和挫敗感。更重要的是我們必須了解爲什麼會有這樣的效應發生，還有兩個人的潛意識層面到底有些什麼活動。否則，這份關係就會製造出一股強烈的敵意，而其副產品或必然的結果，就是雙方都可能拔掉互通往來的敏感覺知，只是維持著表象的和諧。精神層面的能量是不可能用忽略的方式來摧毀的，這麼做只會讓它尋找另一個表現的管道，而這可能比受阻更令人不舒服。沒有被認知或表現出來的敵意，可能以許多種方式展現出來，包括無意義的爭執到適時出現的生理病徵。從更深的角度來看，這種情況也可能製造出新的業力，讓兩個人在來世又相聚在一起，再度面臨釋放未竟能量的功課。不過當然，這也可能帶來非常深刻的愛，因爲心理學早就觀察到情感是難以捉摸的。

我們必須記住，土星在星盤比對裡代表的是比較脆弱的一方，同時也代表此人必須在相關的面向上學會不再壓抑或內縮，才能有所成長和臻於成熟。這種傾向也許和心智或情感有關，但也可能形成非常明顯的外在現象，就像一個孩子缺乏某種類型的維生素而發展出了骨骼上的佝僂病。某種程度上，土星可能與榮格所說的心理陰影面有關，其中包含著我們壓抑下來的某些特質，因爲這些特質與我們的自我形象不符，或者根本無法覺知這些仍然處於胚胎階段的特質。「陰影」帶有正負兩個面向，雖然它勢必會表現出自卑或不成熟的態度，但這種胚胎形式的特質仍然得發展成更練達的素養。

土星落入的星座和宮位，代表的是一種不對勁和匱乏的感覺，而這種匱乏感可能會影響人格的其他面向，也就是和土星形成相位的其他行星所涉及的面向。深入研究之下你會發現，土星象徵的是一個人不願意看到的自己。在這個點上他會竭力抵抗內在的一種不對勁的挫敗感，同時會有一種強烈的需求，想要操縱和掌控那些會觸及到內在創傷的對象，就像蚌殼把砂粒層層地裹成一顆珍珠那樣。只有當陰影面被覺察到的時候，這種強烈的情緒才會釋放出來，而且只有到了這個節骨眼，才能用符合倫理道德的方式來解除兩人之間的衝突。在這之前，兩人的決定都只是一種奠基於恐懼的衝動。當一方的某個行星、上升點、天頂、月交點、重要的中點或是移位的行星，觸及到另一個人星盤裡的這個敏感點的時候，上述的情況就會變得十分明顯。除非一個人已經整合到某種程度，而且對自己潛意識裡的活動有了一定的認識，否則土星一方的反應通常都是恐懼。此人的自尊、社會性的制約或是自我形象，都會有效地阻止他承認自己的弱點，甚至連認都認不出來。如果他想認知到這個問題，就必須下長期的自我了解和接納的功夫。但是我們的文化並不重視這種誠實的品質，它重視的是外在成就和「態度舉止」。事實上，一個人如果想藉著另一個人的幫助來發展出自知之明，往往會被視爲不平衡或是過度敏感。在這裡出現了一個土星相位最困難的問題：我們的社會潮流和價值觀，不允許我們用最正向、最具建設性的方式來面對關係，因爲這涉及到了內省的功夫。結果是土星的相位爲雙方帶來了不必要的摩擦和痛苦。

兩個人如果有緊密的土星相位，經常會讓彼此產生不理性的憎惡反應。這完全證實了我們最痛恨和最恐懼的東西，其實都在自己的內心深處。土星也經常會顯現出過度彌補的現象，讓一個人對「攻擊自己的人」著迷——並且會無意識地準備好要征服對方。可怕的是，這便是我們所謂的愛情。

過度彌補的法則似乎跟土星有關，大自然和人的身上也有這種與生俱來的傾向。在生理和心理層面，這種作用力會讓一個人或生物朝著自保的方向發展運作。舉個例子，那些自我防禦力最低的動物往往有最高的生育能力，這樣才能確保它們的種族繁衍下去，而那些防禦力最低、內在最不平衡的男人與女人，通常都會吸引來一些伴侶，形成最困難的土星相位。他們無意識地運用這種內在的摩擦吸引來另一個人，然後透過對方建構出自己最害怕的那個面向——以犧牲對方來達成這個目的。他們會「限制和制約」伴侶，甚至會閹割掉伴侶的那個相關行星的作用力。他們會因此而越來越壯大。我們都見過某些伴侶一開始的時候是一方操縱另一方；幾年之後，雙方的關係似乎倒轉了過來，主控的那一方逐漸變成謙卑的跟隨者。在神話學裡，克羅諾斯閹割了他的父親，讓父親不再有能力創造其他的生命，而克羅諾斯就是土星。

伴侶遭到攻擊的那份特質，會以不太令人愉快的方式出現在別的地方，因爲那其實是個案本身的陰影面的投射。當一段關係進入僵局的時候，經常會隨著這類習性起舞。那些在這條路上走了很久的人會發現，此種互動的方式只會令他們一無所獲，因爲土星無法從別人的碎骨中獲得力量。我們所謂的精神官能症式的關係，就是由這種原始的材料製造出來的，不幸的是，當我們用冷靜的雙眼去觀察的時候，往往會發現大部分的關係裡都有這種情況，雖然這種僵局被掩飾得很好，因爲人們永遠可以拿孩子或事業做爲分散注意力的藉口。我們的文化給了我們因愛情而結婚的自由，不像其他的文化把婚姻當成與家庭、政治或宗教相關的事務。雖然如此，我們還是會基於需求和恐懼而結婚，而且當我們滿足內在的需求時，並不能永遠考慮到對方的利益。

如果我們把土星看成是通往自由的門檻，那麼星盤比對裡的土星相位代表的就是巨大的成長和自知之明，但前提是雙方都得對彼此誠實。這樣兩人就能攜手並進，爲生命帶來深度和豐富性，遠遠超越那些心理不成熟的人所編織的幻想。當某人踐踏到另一個人的陰影面的時候，一定會把潛意識裡的東西激發出來；對方的反應會立即出現，而且是可以預料的。這時如果能抽離出來客觀地覺察，就能發展出深刻的洞見，無論喜不喜歡對方皆然。我們不能用批判或論斷的方式來達成這個目的，因爲理性的論斷在陰影裡是起不了作用的。就是因爲無數個世紀以來不斷地批評和論斷，所以我們才形成了陰影面的問題，也就是土星所代表的人性面向。

太陽與土星的相位

太陽象徵的是顯意識或理性的自我。它代表的是一個人想要達成的目標和顯意識的決定。這一點在男人身上尤其明顯，但卻不太能適用於女人身上，因爲女人多半是透過感覺和直覺來產生反應，所以比較能反映月亮而非太陽的特質。因此太陽就變成了象徵女人潛意識裡的陽性面的元素，也就是「阿尼瑪斯」（animus）。如果太陽落入的星座、宮位和相位所代表的特質，沒有被一個女人全盤地了解以及整合，那麼她就會在丈夫或伴侶身上尋找它們，或是藉由對方活出這些特質。

關係裡的各種太土相位的特質，比較容易顯現在女人的土星和男人的太陽形成相位的情況上面，因爲大部分的女人都不太容易自在地表現太陽的特質，結果是女人的太陽特質在關係裡也不易展現出明顯的力量。毫無疑問地，關係裡的太土相位是非常強大的連結力量，而且比太月或金火的相位更容易出現。

如果一個人的太陽是落在另一個人的土星上面——雖然合相是能量最強的相位，但別的相位如果容許度較小，也會帶來同樣的效應——那麼土星一方竭力想掩蓋的特質，就會在伴侶身上充分顯現出來。這會製造出一種強烈的反應，而且多少帶有衝動的成分，不過還是要看相位緊密到什麼程度。如果星盤比對裡有土星的相位，容許度通常要放大一些，形成的是正相位的話，雙方都會有一種命定的感覺，而且往往是業力造成的關係，但目前我們還不能充分證實這一點。從心理學的角度來看，這種命定的感覺會讓兩人無意識地投射一些特質到對方身上——他們其實是愛上了自己。然而，這倒底是一種業力還是投射或者兩者皆是，仍舊是個受爭議的觀點。不過這其中的確有些東西是理性無法了解的，而且也不能根據傳統的星盤比對法則來解釋。兩人相處的時間越久，這種命定的感覺越強烈，即使太土相位的容許度大到十度左右，也仍然會有這種感受。

通常土星的一方會對太陽這一方產生不甘願的敬重感，或者帶有一種既羨慕又嫉妒的感覺，因爲太陽能夠輕鬆自在地展現土星很難表現出來的特質，而且是令後者感到恐懼或不喜歡的特質。如果土星這一方有某種程度的自知之明，就比較能公開展現仰慕的態度，也比較能從對方身上學到許多東西，來幫助他更自在地表現自己。只有太陽這個偉大的能源，才能照亮和溫暖土星的徹骨之寒。但後者如果缺乏覺知的話，卻會表現出明顯的羨妒和敵意，還有一種「死要面子的自尊」。在占星學上這兩個行星的本質剛好是對立的，而土星主宰的寶瓶座與太陽主宰的獅子座也是對立的。此外，土星的強勢位置是天秤座，太陽的強勢位置則是牡羊座，而這兩個星座也是對立的，甚至連它們的失勢星座都是對立的。太陽和土星本是一體的兩面，但又顯然是無法謀合的兩個極端。每一方都只擁有一半的畫面。中世紀的煉金師堅持主張鉛這個金屬，他們所謂的薩頓（Saturn），已經包含了黃金的成分，也就是他們所謂的太陽神（Sol）。人格裡的陰影面或是破壞性的一面，同時也是一個隱藏在底端的好兄弟，而且是不能被忽視和拋棄掉的，因爲這兩個兄弟必須結合起來，才能變成一個完整的生命體。基於這個理由，關係之中的太土相位經常會造成相互依賴的情況，而且通常能經得起時間的考驗。

但是太土相位最大的危險，就在於土星的一方如果缺乏覺知或是太恐懼，往往會完全依賴太陽的一方，導致這一方有種窒息的感覺。土星人可能會展現出奇特的盲目傾向，無法看到太陽這方所選擇的人生目標，因爲他會急著透過太陽這方活出自己最深的渴望。

如果土星扮演的是父親或母親的角色，而太陽是子女的話，帶來的損傷就會格外明顯；因爲在這種情況下，子女鮮少被允許充分地做自己，也不可能按照內在的藍圖充分發展潛力。如果是女人的土星和男人的太陽形成相位，那麼女方往往會無意識地鞭策男方，要他按照他不想依循的方向去發展，因爲她是藉由他來達成自己的夢想，或是想從他身上得到物質利益。如果男人的土星與女人的太陽形成相位，男方就會無意識地遏阻女方的創造力，因爲他害怕她一旦展現創造力，會變成他不喜歡的那種人；因此他必須「把她變成一個挺著大肚子在廚房煮飯的人」，這樣她就不可能凌駕於他之上。他沒有想到她也許並不想超越他。

這類情況一向不怎麼好看，但是出現的機率卻高得嚇人，唯一能讓雙方都保住自尊的作法，就是清楚地覺知這種潛意識的安排是怎麼一回事，這樣兩人才可能自在地表現自己的特質，同時又能欣賞對方。太陽和土星的相位也可以用親子關係來比擬，如果從業力的角度來思考的話，或許我們可以說這兩人在過去世的關係眞的有可能是親子。太陽這個永恆的小孩，總是充滿著光明、喜悅和活力，父母可以藉由他獲得一種永恆的延續性。土星這個經驗老道的權威，則能保護和引領他的創造結晶；一方可以提供具體的結構，另一方則能帶來生命的意義。如果土星這一方缺乏自己的人生目的，或者他的人生充滿著挫折，就會藉由小孩活出自己，而忘了太陽這一方也有表現自己的權力。

我不認爲關係之中有太土的相位，包括四分相和對分相，就是負面的或是會造成破壞。它們之所以會形成上述的結果，多半是因爲雙方無法處理情感問題，而非關係注定是「不幸的」。通常太陽的一方會經歷一番辛苦的掙扎，因爲他不太能欣賞土星的恐懼和脆弱之中的深度，而土星這方也會表現出一種冷漠和不在意的態度。如果太陽這方願意幫助土星伴侶更深地意識到問題所在，那麼這類相位就能爲雙方帶來許多裨益。土星這方可以引領和支持對方，以更實際的方式找到人生的目標，他本身也會因此而變得更喜悅。這類相位有很大一部分是要土星這方深入地了解自己的恐懼。這種類型的關係通常能持續很久，因爲土星的一方傾向於依賴對方，而太陽這一方也很渴望被倚賴。我們可以從太土的相位觀察到一種持久的關係，而不是將其視爲需要戒愼小心的符號。

火星與土星的相位

在星盤比對裡面火星與土星的相位可以說是「不良份子」之一。雖然太土的相位一般被認爲是不需要下太多功夫的正向能量，但仍然有許多作者警告我們，太土的相位在星盤比對裡只會帶來麻煩，即使是和諧相位也一樣。這給我們留下一種印象，好像兩人之間如果有這類相位，就應該快點各奔東西似的。此外，我們也可能膚淺地假定這類相位一定會造成厭惡和反感，特別是在性的層面上，因爲火星象徵的是肉體的慾望和激情。

但為何火土的相位經常出現在情感涉入程度很深的星盤比對裡，或許它們比火金的相位更能帶來強烈的吸引力？而且它們在一開始的時候不但不會造成排斥，反而會帶來強烈的、甚至是炙熱的性吸引力？這類相位會在婚姻的一開始製造出激情，接下來就會演變成冷淡、甚至是暴力的反應。如果我們能了解土星的脆弱以及潛意識的投射傾向，也許就比較能明白火土相位帶來的難以理解的效應了。

在這類相位裡面，土星落入的星座、元素或模式的特質會被火星點燃；這些特質被充分放大、集中、變得帶有攻擊性，而且會顯現出公開甚至帶點驕傲的感覺。這些特質不但會灌注到意志力和動力之中，而且會注入到性的表現和驅力當中。火星象徵的是激情，土星代表的是恐懼，難怪一個缺乏覺知的人如果被這類相位影響，就會像一隻在毒蛇面前的小鳥一樣，完全被震懾住了。土星這方會立即意識到火星這方的坦然和強而有力的特質，因為這是它最不能表現出來的一面——其中帶有一種明顯的性的意味。因此這類相位與其說會造成排斥作用，不如說會驅使兩人接近彼此。土星這方可能會無意識地用操縱或掌控的方式，來對治火星這方帶給它的威脅。恐懼往往會披上刺激的外衣，因為它會提供一種挑戰和征服的慾望，雖然這種「安排」是無法被意識到的。當投射作用被覺知到的時候，會自然停止下來；這時有覺知的一方就會意識到威脅並不是從對方那邊來的，它其實是源自於自己的陰影面。這時他就能擺脫這個相位帶來的強迫性吸引力。

我們已經知道土星是偽裝大師，它可以裝出比最炙熱的火星還要戲劇化的激情。但這並不是一種刻意造作的表裡不一行為；土星這方的熱情仍然是很真實的，背後的情感卻有點曖昧不明。因此，這兩個人往往會墜入愛河，卻鮮少能「從此過著快樂的日子」，因為征服的階段一旦結束——也許是一個晚上，或者長達五十年，而且一般都是在臥室這個火土相位真正的戰場裡發生的——土星這方的熱情就會減退，然後逐漸回歸到原本的冷淡抽離狀態。這麼一來，他就達成了與對方最初相遇時的潛意識慾望，一種卸除對方的武裝的渴望。

不過當然，這種解釋仍然無法徹底說明火土相位底層的心理活動。兩個人之間若想達成一種和諧性以及對彼此的欣賞，通常需要在顯意識的層次形成許多的連結，而火土相位本身卻可能製造強烈和立即的排斥感，特別是缺乏其他類型的和諧相位的話。這會為原先的吸引力帶來更複雜的情況。如果我們認為兩個人結合在一起是因為彼此喜歡，那麼火土的相位就會令我們開始質疑這個結論。這兩人之所以會因為排斥感而結合，可能是因為他們根本不喜歡自己。

就是這種無意識的投射以及後續的挫敗感，造成了彼此之間的暴力對待。有一個很奇特的事實，許多看起來相當溫和、不帶有防禦性，或者至少不會在身體或情緒上展現憤怒的男人，一旦碰上了有火土相位的女人，很可能出現無法控制的怒火。對女人而言情況也是如此，雖然女人對男人動粗通常會付出很大的代價。當關係之中的土星開始起作用時，土星的這一方就會縮回自己的硬殼裡，於是對方就可能經驗到情感上的痛苦，因爲充滿著熱情的伴侶突然在情感上變得遙不可及。就火星這一方而言，則會形成強烈的挫敗感，因爲火星一向喜歡坦誠的表達方式。這時火星的一方可能會激起雙方的爭執，因爲他會試圖重新激發伴侶對他的興趣。這些爭執或許不太嚴重，但也有可能變成一發不可收拾的局面，甚至會造成身體上的傷害。這大部分是源自於火星的一方企圖激起冷淡伴侶的反應——任何一種反應都比沒有反應要強得多，

如果星盤裡還有其他能夠帶來愛的相位，那麼火土的相位就會讓婚姻關係持續下去。如果是這樣，雙方就必須對磨擦的眞正起因有所了解。親子關係的星盤比對裡有這類相位時，了解摩擦的起因也是必要之事，因爲兩代之間會出現無意識的貓捉老鼠遊戲，即使彼此充滿著溫情且相互依賴；孩子的這一方會在成年之後嚐到苦果，因爲這種關係會帶來情感上的創傷。如果涉及這類相位的兩個人很難維持關係的穩定性，那麼雙方都會產生巨大的壓力感，特別是土星這一方，因爲他手裡握有關係會變得富建設性或帶來不必要的痛苦的那把鑰匙。在過往維多利亞時代的社會裡，火土的相位造成的困難之一，就是導致人們掩蓋住與性及情感有關的衝突或誤解，方式是將這些問題投射到金錢、姻

親，或是誰在星期五晚上倒垃圾之類的事情上面。要土星這方表達他的感覺是非常困難的事，因爲他根本不知道自己的感覺是什麼；他自己或是別人都無法觸及這些感覺。一個獨立卻無法覺知對方的封閉性的火星人，往往會很快地脫困，令土星這方在舊創上面留下新的傷痕，甚至令土星人產生可以被察覺的怨恨。不過，土星這方也會讓另一方覺得必須爲他負責。如果兩個人的星盤裡有緊密的火土相位，而他們又對自己所知甚微，那麼這份關係勢必會成爲力量之神和阻力之神的結合。但雙方若是能付出一些努力，這類相位應該不是那麼致命的，事實上，它們很可能變成最具有生產力的相位。其中的正向承諾是，兩人都學會以誠實的態度面對「性」，而這是許多的親密關係所缺乏的部分。土星本身不是一個性傾向強烈的行星，但是當性變成一種障礙時，它的作用力就會變得十分明顯。土星的一方甚至可能因爲掌控、自制或苦行禁慾，而變成反性愛甚至無性的情況。不過它如果遭到火星的威脅，卻會扮演起和性有關的角色，就像它觸及到金星或水星時，也會扮演起浪漫情人或者帶有智識傾向的角色一樣。如同亞努斯（Janus）這個守護地獄之門的怪獸，土星的防禦力也往往是掩護得很嚴密的。

太土的困難相位或許還可以被人們公開地探討，但火土的相位被探討時，卻往往會造成尷尬或受傷的感覺。這種現象有一部分是源自於維多利亞時代的觀念，還有一部分則是受兩千多年來教會的教條所影響。隨著集體意識的成長，人們或許會越來越誠實地面對性這個領域，其結果是更能夠以建設性的方式在關係裡運用性能量。心理學已經超越了佛洛伊德的原創觀點，因此學者們不再認爲人類的潛意識是被壓抑的原慾所操控的。但是性關係的本質，特別是男性與女性的角色扮演，仍然是許多人成長和發展的主要障礙。當兩個有性關係的人的星盤比對裡出現火土相位時，或許可以藉由對性原型的探索來發現自己，而這極可能是達成完整人格最有效的途徑。無意識地對性產生不自在感、罪疚感和困惑，可以藉由火星的誠實和正向的能量得到一種轉化，而自私傾向和缺乏敏感性，則能透過土星的深刻了解來獲得平衡的發展。

在不涉及性行爲的親子關係裡，如果雙方有火土相位的話，那麼在潛意識底端仍然帶有性的特質。這種情況經常會出現，因爲男孩子不可避免地會把母親看成女性的象徵，而女孩則不可避免地會把父親看成男性的象徵。親子之間勢必會有性上面的連結，雖然此處所指的性是廣義的，而且還包含著情感的面向。親子或朋友的關係裡如果有火土的相位，可能會投射出性方面的價值，若是不了解其中的機制作用的話，這勢必會製造出某種困難。但這並不代表關係中會有戀父或戀母情結，雖然無疑地這種情況的確會在眞實生活裡發生，或是在精神分析的教科書裡發現到。所有的緊密關係之中都存在著許多暗流，而且遠比我們所能想像的更複雜。拒絕接受這種複雜性或是無法以誠實的態度去探討它，勢必會帶來一些問題。但火土的相位並非原來就帶有邪惡的成分，也不是注定會造成一些困難。

水星與土星的相位

水土的相位和心智次元有關，比較不涉及到兩人之間的情感反應。這類相位往往會出現在以心智活動爲主的關係裡，譬如師生關係或朋友關係，同時也經常出現在帶有偏見的情感關係裡。如果以謹愼的態度對待的話，這類相位也可能製造大量的正向能量，因爲水星和土星並不眞的有害於彼此，而且雙方都帶有冷靜的理性特質。

對那些知覺不敏銳的人而言，這類相位的機制作用通常和土星的其他相位類似。我們已經發現太陽自在的表現能力會威脅到土星，火星則會因爲自信心和毫不掩飾的性傾向，令土星感到備受威脅。水星本身是一個無害以及無性的行星，它也象徵著心智上的能力，如果水土的相位容許度很緊密的話，那麼水星這方就會激起土星那方的一種愚笨或智力不足的感覺。水星會藉由溝通和思考的能力，展現出土星很難表達的一些特質，而水星機敏和快速的反應，也可能干擾到土星遲緩蹣跚的步調。同時，土星也可能認爲水星不夠誠實，至少是他自認爲的不誠實；而誠實對水星來說一向是相對之事。土星的這位水星伴侶也許並不是什麼心智上的巨人，但是在土星人的眼中卻顯得格外聰慧。

這類相位也可能帶來極大的欣賞和極少的敵意。土星這方可能對水星的一方展現坦然無害的羡慕之情，水星這方則會把土星人視爲絕佳的共鳴板和評論者。此外，土星人也可以提供水星人牢靠和實際的建言，讓水星的能量不至於流動得太厲害。但是就像所有的土星相位一樣，這也必須看土星人處於何種意識狀態。欣賞另一個人的聰慧，願意提供一種結構來支持對方的發展，乃是這類相位最佳的表現方式之一，但是土星人如果覺得受威脅，就會過度地批評和嘮叨不休，讓水星這方感到受限和窒息。由於土星的一方無法承認問題是出在自己的反應遲緩，所以才會有一種不對勁的感覺。土星人會試圖摧毀水星人的自信心，方式是不停地批評或者完全不理睬他的伴侶。

水星人則可能覺得土星人很乏味，而投向比較有趣或更富同情心的其他對象。由於起初雙方的連結是心智活動，因此除非還有讓情感更緊密的相位，否則水土的相位很少會把兩人綁在一起。如果兩人有情感上的連結，那麼不小心對待的話，水土的相位也會帶來可觀的困擾，特別是水星這方如果有強烈的水星傾向，或者他的水星是落在處女座或雙子座的話。

一般而言，星盤比對裡水土相位的影響力有點被低估了，雖然近年來它的重要性已經得到平反。水星之所以重要，顯然是因爲它象徵著一個人的表達能力。兩個人如果能坐下來探討他們最困難的問題，就可以找到解決的方法，但雙方如果無法分享彼此的興趣和想法，或者感覺南轅北轍的話，那麼兩人之間的愛就可能跟不上各自的精神發展。

伴侶之間如果無話可說，即使是最火熱的性吸引力，或是最炙熱的情感需求，也會隨著時間冷卻下來。丈夫遊牧到另一片草原上，去尋找懂得他的想法的人，早已是陳腔濫調的故事了。妻子覺得丈夫變得像一堵牆似的那麼封閉，原因是丈夫認爲她除了食譜的語言之外什麼也不懂，也同樣是一種常見的情況。讓人類從低等變成高等生物的，就是他們的心智能力，但是人們在尋找伴侶時，卻鮮少在意彼此的心智是否匹配。他們更急著想找到情感和肉體上相配的伴侶，因爲這些需求更能表達他們心中的急迫感。

一個人如果有許多風象特質的話，自然會被受挫的水星能量強烈地影響，特別是水星落在處女座或雙子座，更容易在無法溝通的伴侶關係中，強烈地感受到挫敗、緊張和不安。如果土星一方的反應是企圖圍堵或削減伴侶的心智能量，那麼水土的相位就會帶來很大的問題。土星人會加速一種危機的到來，讓他那逃避責任的伴侶對他說出最常聽見的一句話：「我眞的很愛他（她），但他就是不肯聽我說任何一句話。」

水土的相位可能爲兩個人的思維模式帶來可觀的影響，即使水星一向被視爲中性、容易變動和缺乏力量的行星。它能夠提供土星最有效的一種去除陰影的方式：抽離的客觀分析。有了它的協助，土星就能達成進一步的自我了解，而水星也極少會要求什麼回報。土星能夠提供給水星的，則是後者最需要的一種特質：專注力。水土的相位即使是四分相或對分相，也能夠爲任何一種關係帶來裨益，但前提是雙方必須以文雅得體的方式處理問題。

金星與土星的相位

依凡潔林・亞當斯（Evangeline Adams）認爲星盤比對裡的金土合相代表的是永恆的友誼。或許在她的朋友身上這一點是屬實的，不過涉及到浪漫愛情的時候，這類相位卻不怎麼令人愉悅，但又經常會出現。親子關係有這類相位也不太容易相處。雖然土星的強勢位置是落在金星的星座上面，但是它比較原始的一面，並不能爲關係之中的快樂帶來什麼幫助。這是最容易造成情感上的排斥的相位，而且是很難處理的，除非兩人都將其視爲發現自我的機會，願意看看投射作用的底端究竟有些什麼眞相。環繞在愛情周圍的那些我們最珍惜的幻覺，必須徹底放下之後，才能從金土的相位之中找到永恆的友誼。

我們都知道金星是象徵溫情、和諧以及渴望有伴侶的行星。金星反映出一個人與別人連結的能力，它能夠表現出土星無法展現的優雅、輕鬆和魅力。她同時能在土星感到笨拙和壓抑的領域裡，展現出一種品味和細緻的感受力。金星是永恆的愛人和青年人，而這自然會令土星感到不舒服，繼而產生嫉妒、佔有和懷疑的反應，還有一種缺乏吸引力和笨拙的感覺。這種感覺往往會製造強烈的仰慕之情；當這種情況在異性之間發生時

——同性之間也會有這種情況——就會出現著迷的傾向。但這種傾向並不像火土相位那樣帶有肉體的慾望，比較是在情感的層次上出現愛慕之情。

金星與土星之間會出現一種很難解釋的連結，或許我們可以說這是一種陰影面的緊密感，帶有「阿尼瑪」或是性別轉換的意味；在個體化的過程裡，人們會逐漸發現和變成潛意識裡的一種狀態。面對或是發現自己的阿尼瑪本質，只有在陰影面被統合到整個人格時才能達成。以奧祕教誨的角度來解釋的話，這意味著只有當我們穿越了躲在門後的惡魔時，才能覺知到內在的神性。這些解釋對事件派占星師來說是無用的，而奧祕占星學所提到的：魔羯座與金星和土星都有關聯，對他們來說也同樣是無用的觀點。總之，金土的相位無論是出現在本命盤或星盤比對裡，似乎都會在一開始的時候帶來一種不愉快的感覺，接著就會促成雙方建立真誠的關係——一種相當罕見的情況。這可以說是最重要的關係相位了。當星盤比對裡出現它們的時候，兩人就能充分運用這份關係來達成內在的聖婚。

受到對方的金星影響的土星人，很可能會對自己情感上的制約特別敏感，而且會產生不自在和笨拙的感覺。他會覺得自己不被愛、不夠吸引人、過於嚴肅，而這又會造成一種過度彌補的傾向，認為金星的一方太膚淺、不忠實、虛榮和賣弄風情。土星人可能會展現出令人不愉悅的嫉妒和怨恨，甚至想遏止金星這一方的輕鬆、自在和自我耽溺式的優雅。

很顯然，金土的相位是最能代表關係之中的嫉妒的相位，在朋友和親子關係裡面也一樣。或許你很難想像父母會嫉妒孩子，事實上這是經常出現的情況，如果不加以留意的話，很可能造成孩子這方極大的痛苦。金土相位的嫉妒並不是奠基於性上面的不自在感，或是對不忠的恐懼，因為這類恐懼是火土相位帶來的問題。金土的相位比較會展現出一種佔有慾；土星會覺得自己不值得被愛，而要求金星不斷地作出忠貞不二的愛的保證。金土的相位會激起兩個人結婚的渴望，但其實保持自由之身可能會更好一些，或者至少得找到比情感上的保證更好的理由時，才可以決定結婚。當然，這些都是缺乏覺知的土星的典型反應，也是大多數人經常出現的反應。若想克服這種扼殺伴侶的快樂的傾向，土星這方必須先有能力享受自己，但是在輕鬆愉悅的金星人面前，這項任務卻很難達成。

金星人或許有某些東西會促使自己和土星這方結成伴侶，雖然接下來可能會出現不信賴和恐懼感。在個人的潛意識裡尋找問題的動機，有時就像在探索一個無底洞似的，好像永遠也找不到根源是什麼，而且可能流於過度分析。有些人就是比別人更帶有土星的傾向，他們要不是無意識地尋找一個帶有土星特質的伴侶，就是找一個人來砲轟自己的土星。或許發展出徹底覺醒的關係，與遵循禪定或瑜伽的靈修訓練同樣有效。由於前者往往更難達成，因此達成之後獲得的報償，可能還大過於後者，至少在克服界分感這方面是如此。這便是土星落在天秤座帶來的承諾。那些在關係中帶有土星傾向的人，或許會覺得這才是他們最佳的靈修途徑。

並不是所有的關係都奠基於愛之上，直到近代人們才把婚姻的選擇放在情感而非錢包上面。關係的形成也許是源自於金錢上的安全感需求，或是源自於害怕孤獨，也可能出自追求方便。但也可能是因爲先有了孩子，別無選擇地必須負起責任。還有些關係是受到家族的壓迫或宗教的道德理由而結合的。金土的相位經常會出現上述的情況，因爲這種關係裡的責任義務往往超越愛情，而且容易涉及到金錢的考量；這會讓情感的交換和佔有變得更牢固。土星並不是永遠會造成情感上的佔有慾；它也許會覺得現實層面的財物更有價值。金星主宰著兩個星座，所以會有兩種面向；金星人對財物和情感的態度經常是相同的。

土星這方會藉由提供金星人物質保障，來驅使金星人對他負責。他可能在錢上面很吝嗇，也可能憎惡金錢帶來的自由，所以會在這方面有緊縮傾向。金土的相位通常會帶來金錢上的緊密關係，讓兩人的熱情消退之後仍然綁在一起。女人依賴丈夫的收入或是有了小孩必須負起責任，都是金土的相位會帶來的情況。但情形也可能倒反過來，變成女方掌控金錢的流向，而觸犯到男方的自尊，因爲社會堅持男性才是應該負擔家計的人。

這種情況不但會造成兩人的情感受傷，也會讓男方的自我受創，但是內在的罪疚感卻會促使兩人緊密地連結，而罪疚感通常是缺乏覺知的土星的特質之一。

金土的相位干擾到了人類心理最脆弱的領域，雖然它們無疑地會在親密或親近的關係裡造成困難，但也可能幫助人們明白潛意識裡最複雜迂迴的動機。這類相位令人受傷的往往是其中的眞相，但若是能誠實地面對這些眞相，就可能把整個關係帶到更高更完整的層次——相互合作而非彼此依賴。如同火土的相位一樣，金土的相位也不是一般人願意公開探討的領域。基於這個理由，它們會顯得更難理解一些，也許夢想擁有恆常不變的友情，已經足以使兩個人克服自我認識上面的漠視傾向，讓他們願意協助彼此發展自知之明。

月亮與土星的相位

星盤比對裡月土和太土的相位有點類似，如果容許度很小的話，經常會有一種「命定」的感覺。土星相位的容許度若是低於三度，會帶有一種衝動的特質。月土的相位則意味著兩人之間有明顯的困難，但如果能深入地了解，卻會帶來非常積極和建設性的影響。它們似乎會製造情感上的忠貞、保護傾向和同情心，特別是月亮這方會以母性對待脆弱的土星人。

月亮象徵著感受和與生俱來的直覺，以及人格裡的潛意識面向。月亮這方會急於體驗新的感受，而土星這方則會想壓抑對方。當他面對她的強烈情緒時，可能會產生恐懼、脆弱、尷尬和缺乏情緒的反應。月亮不像太陽能夠把光芒和能量釋放出來，她的才華是對別人的感受十分敏銳，而令土星人害怕和羨慕的，就是這種開放的態度和天生的敏感性。

如果不加以了解的話，這類相位會導致憎惡或焦躁的反應。當土星面對月亮的時候會覺得自己既無情又壓抑，然後就會試圖模塑和限制對方流暢的情緒反應，月亮這方則會覺得受到壓制，而且隱約地感覺自己像個不被認同的犯錯小孩。月亮本有的敏感性很容易被土星的批判和冷漠傷害。土星喜歡提供未經懇求就任意給出的建議，而且建議如果不被採納，往往會展現出厭惡的態度。月亮會不斷地被土星模塑和分析，而土星這方就像是過度保守、情緒陰鬱的父母。如果父母是月亮而孩子是土星的話，雙方的關係則會顯得格外有趣，因爲月亮會變得越來越自覺，好像在土星面前一無是處似的。

月亮象徵自我的潛意識、直覺和原始的一面，也代表從童年就開始統合到人格裡的一些特質，以及遺傳或者從過去世帶來的老舊模式。因此她象徵著最少阻力的行爲，通常是一種反應而不是行動。她是個人經驗的儲存庫，而太陽的意志力則可以從這個儲存庫中擷取情感的支持，獲得一種直覺式的智慧。我們不難了解爲什麼月亮會威脅到土星，因爲土星也代表過去的經驗和知識，而和童年、父母的影響以及漫長的歷史有關，不過這些歷史通常是不愉快的，往往會讓土星人發展出自保傾向。土星和月亮都代表潛意識裡的一些奠基於過往經驗的行爲模式，但前者傾向於保護自己以抵抗外力，後者則是能流暢地與外境互動。土星會企圖和傷害自己的事物保持一段距離，而月亮則會把外面的東西吸過來，成爲主觀經驗的一部分。月亮執著的部分是土星最被干擾的區塊，在個人的習慣上這種差異最爲明顯。我們經常發現土星會被月亮的一些微不足道的習性激怒，因爲這象徵著更深層的干擾。

由於月亮似乎也和自我的私密形象有關——想像中的自我形象——所以月亮的特質最容易在親密關係裡表現出來，尤其是在不需要僞裝的家居生活裡。一個人的行星落在另一個人的月亮上面，似乎能激起月亮這方的正向反應，因爲月亮代表的私密的自我，會被對方以細膩的方式理解和鼓舞。基於這個理由，月亮這方會變得更自在、自發，以及有能力把私密的部分表現出來，而這就是兩人的太月相位會被視爲匹配的理由，

在星盤比對裡，當土星與月亮形成相位時，這個私密的自我當然也會被勉強地理解，雖然裡面有強烈的自我投射傾向——同時也會有不被鼓勵，不被讚許的感覺——至少這是土星很容易留給人的一種印象。事實上，它只是用這種方式來掩飾內在的渴望和需求。其結果是，月亮在土星面前經常感到尷尬窘迫，就像有時在夢境中發現自己光著身子面

對一群人那樣。土星由於試圖保護自己的脆弱易感，所以可能無意識地批判、強求和嘮叨，也可能企圖打擊月亮的自信心，來獲得她的關注和效忠。月土的相位會帶來強烈的情感需求，但這種傾向並不是負向的，因爲它能夠提供機會，讓雙方的關係變得深刻和有意義，而且能帶來內在的力量和自知之明。困難多半出在土星無法表達自己的需求，或是不能面對內心的一種不對勁的感覺。它可能會表現出冷淡和好批評的態度，讓敏感的月亮受到傷害。

月土的相位經常帶來持久的關係，這明顯地點出了此類相位的正向潛力。有許多人在童年時遭受過情感上的排拒，所以會認爲愛是痛苦的，而不能用接納和愉悅的態度展現愛，當然這種看法顯然是比較犬儒和悲觀的。從佛洛伊德和阿德勒的見解來看親密關係，也會令人感到沮喪；雖然如此，月土的相位無疑地還是能帶來深遠的意義，若是能付出努力、深入地了解其中的內涵，就能轉化兩個人潛意識裡徘徊不去的困擾。當我們把這個觀點弄清楚之後，才能正確地評估這類關係長遠的潛力是什麼。雖然月土的相位會帶來過度自覺、壓抑和受傷的反應，但這些反應是可以轉化和了解的，因此我們會發現這類相位的底端，埋藏著永結連理的潛力。

月亮這方勢必得承受土星人的抑鬱情緒。月土的相位經常會出現一方無情地批評另一方的情況，尤其是針對一些微不足道的習慣和態度。如果父母的土星影響到孩子的月亮，那麼孩子在父母眼裡就好像一無是處似的，而且孩子這方並不明白此種批判的傾向，是源自於父母陰影面裡的一種需求。這類相位也會造成事業關係的不和諧，尤其是土星這方是權威的話，因爲他會不斷地驅使月亮負起責任義務，但眞正的動機是內在的敵意。如果雙方不加以了解的話，這類相位就會在生活裡造成對日常習性的嘮叨和不滿。月亮這方往往會展現出非理性的任性態度，然而這就是她原本的模樣，因爲從小到大她都是如此。這一點對土星人來說是沒有任何道理的，因爲他把大部分時間都花在自保上面。男人之所以會表現出他的太陽星座特質，主要是因爲他有意地選擇以這種方式行事，而他之所以會表現出上昇星座的特質，則是因爲他的經驗告訴他必須發展出這些特質，來有效地在環境中運作。他之所以會表現出月亮的特質，乃是因爲他不得不這麼去做；這就是他的歷史、他的傳承，以及他的最少阻力之道。缺少結構和自制力是很容易激怒土星人的一種情況，事實上，他不知道有多麼渴望擺脫掉理性，忘記自己是孤立的個體。

月土的相位會要求涉及的兩人必須徹底合作。這兩個行星都和潛意識的領域有關，而且都習慣於反應而非行動；由於它們相當深幽難解，因此能深入地探究月土相位的心理意涵，往往能對人性產生深刻的了解。從人格的角度來看，有這類相位的伴侶，通常能淸晰無誤地透視彼此的內心世界，創造出強而有力以及意義深遠的情感連結，但前提是雙方不能懷有敵意和恐懼。

木星與土星的相位

星盤比對裡木星與土星的組合，是另一個層次另一組的對立法則。到目前爲止我們已經發現土星與任何一個星體的組合，都會形成二元對立的形式，因爲它的能量無法與其他能量自然地融合在一起。本命盤或星盤比對裡的土星相位，一向能夠帶來成長的機會，讓人們藉由努力來整合或消除經驗中的二元對立性。

我們已經發現太陽和土星是兩股對立的能量，從人格的角度來看，它們也許是最重要的一組能量。以心理學的語言來解釋的話，它們代表的是顯意識自我和心理陰影面的對立。兩人之間的太土相位如果不加以徹底了解，反而會造成巨大的吸引力。月亮和土星也是對立的，但比較屬於形式和直覺之間的二元性，這兩個行星分別主宰著彼此對立的星座，而這兩個星座又是星盤裡十宮與四宮的主宰行星。它們象徵著我們的傳承和家族根源，以及受過往歷史影響而形成的外在表現。因此月亮和土星分別代表過往的歷史和心理的潛意識面；在星盤比對裡，它們會強而有力地影響到情緒、直覺反應以及關係的生活面。占星家們都熟知火土相位象徵的是衝動和控制，或者慾望和恐懼，金土的相位則會製造伴侶關係和孤立狀態的二元對立，水土的相位則會形成心智的二元性和思維形式的限制。

「有害」的土星和「有利」的木星組合在一起，象徵著具體知識和直觀洞見及信念的相會。在太陽系裡這兩個行星的體積是最大的，而且劃分出了個人行星和社會行星的界線，同時也劃下了與高八度的外行星的界線。個人行星代表的是人格的渴望，以及心智、情感和身體上的裝備。三個外行星則代表和集體潛意識、靈魂或集體生活有關的驅力。木星與土星則象徵著高層和低層意識之間的橋梁。無論在本命盤或星盤比對裡，這兩個行星都能提供一種機會，讓雙方透過直觀力——木星——來洞察到藏身於門後的惡魔，或是內心的陰影面。

土星與個人行星形成相位，影響的主要是個人性的事物，通常土星會透過這類相位進一步地認識自己。這類相位既可能阻礙、也可能穩定兩個人的內在驅力，而且很容易在緊密的關係裡發現到它們，因爲關係乃是大部分人發展人格的主要領域。木星和土星或是三個外行星的相位，則會在更精微的層次上影響兩個人。它們會阻礙或穩定內在靈魂裡的驅力。木星和土星都能擴張個人的知覺範圍，特別是在知識和智慧上面。

在神話裡（木星）宙斯是（土星）克羅諾斯的小孩，克羅諾斯因爲恐懼而把大部分的孩子吞吃了；祂很怕孩子們會重蹈祂弒父（天王星或烏拉諾斯）的行爲。孩子之中只有宙斯很幸運地被藏在一個山洞裡，因爲有人用厚毯子裹著一塊大石頭代替了祂，而救了祂一命。後來克羅諾斯因爲無法消化這塊大石頭，連帶著把其他的小孩也都吐了出來。

等到宙斯掌權之後，就把父親關在塔爾塔拉斯（Tartarus）這個地府裡最陰暗的區域，而且由冥王直接管訓，以防祂做出不軌的行爲。這則神話要告訴我們的，就是土星雖然被監管，仍然不停地咆哮和捶打著監牢的欄杆，要求冥王釋放祂。就像其他的神祇一樣，祂是長生不死的。

我們都知道神話帶有精彩的娛樂性質，也和我們的心理狀態息息相關，而上述這則神話故事呈現出了豐富的多層象徵意義。只要你稍微研究一下，就會發現木星與土星的關係，隱喻的是人類靈魂的成長方向。我們必須把這類相位的深層意涵弄清楚之後，才不會膚淺地解釋它們，因爲它們能提供個人成長上的重要機會。人類的每種情況都能帶來成長，最大的成長就是人際關係上面的學習。

木星直覺地相信它所落入的星座和宮位一定會有正向的結果，而且會得到正向的幫助。它不但有一連串的好運，也會因爲自己的信心，持續地吸引來更多的好運。這並不是一種盲目的信仰，比較是對宇宙整體的一種直覺——雖然它並不了解其中的細節——而這往往會爲自己的人生帶來正向的結果和意義。木星比任何一個火象星座的主宰行星，更能呈現榮格所謂的直觀力，一種對事物全盤的意義及肇因的洞見。木星也同時和意象的創造有關，也就是想像和觀想的能力；這些象徵是一種潛意識語言。據說那些受木星或人馬座強烈影響的人多半是幸運的，而他們的確是如此——與其說是幸運，不如說是對正向結果的接納，或是對象徵背後的意義的了解，也可以說是一種心想事成的能力。

木星對缺乏覺知的土星是帶有威脅性的，因爲土星會害怕木星落入的星座和宮位與生俱來的特質，理由是它本來就缺乏這些特質。它在沒有具體保證的情況下，不會願意冒任何險來追求成功。土星會試圖壓制木星的樂觀傾向，在它的自信心上面打個洞，用謹愼小心來代替它的樂觀，然後會仔細地檢視木星憑著直覺就接受的意義。木星也可能是一個有浪費傾向的行星；透過神話我們會發現它也有逃避傾向，而這又會讓我們了解它缺乏責任感的本質。土星認爲木星喜歡浪費和魯莽，則代表著一種老處女式的不認同傾向。木星往往會認爲土星過度悲觀和謹愼，而且乏味得令人難以忍受，這是因爲土星的本質裡缺乏自發性。對比較感性的木星人來說，生命裡美好的事物都是人類有權利擁有的，因爲生命本身充滿著機會，基本上是有意義和正向的。對土星人來說，人類則是命中注定要受苦，而且快樂時光總是一閃即逝，甚至是沒有意義的，除非付出巨大的努力，否則不可能得到眞正的快樂。

木星可以從土星那裡學到許多東西，如果它能停下來聆聽的話。想像力和理想如果無法透過具體的方式展現出來，或者無法將其運用到現實世界裡、以促進集體的成長，是沒有多大意義的。土星則能從木星那裡學到寬容，了解到現實經驗不一定比直覺更有效。這兩個行星分別落在感覺和直覺的兩端，而且象徵著對兩種無法和解的生命經驗的理解方式。若想讓它們和解，就必須提升兩個人的意識，改變觀察事物的角度，這樣才能把對立的兩極，轉化成兩種有效但不完整的表現方式。

木土的相位鮮少會帶來破壞性，即使完全不知不覺也一樣，因爲木星實在太巨大了，而且極少會展現出憤怒或怨恨的態度。它的某些善良的本性，一定會讓它的土星伴侶學會一些事情。木星本質裡的深層面向，則會在土星的關切之下逐漸揭露，而它（木星）對生命宏觀議題的探索，也會在土星的自重和智慧的影響之下，展現出優質的一面。木星主宰的人馬座是由人性和動物性組合成的，但是土星會控制住木星蠢蠢欲動的獸性。

就像神話裡的人物一樣，木星幾乎戰無不勝，因爲它的內在有一種與生俱來的權威性。在星盤比對裡，木土的相位並不常見到，因爲這兩個行星與人格沒有直接的關係；它們和理想以及智慧的發展比較有關連。雖然如此，木土的相位還是相當重要，因爲它們代表生命教育上的師生關係。一開始的時候是信念和眞實經驗的對比，後來會變成主觀經驗和外在具體經驗的對比。身爲學生的木星如果學會了它的功課，將會超越和指導它的老師，爲雙方帶來意義；事實上雙方的角色會一直互換，達成教學相長的目的。

在星盤比對裡這是一種有趣的相位。它有時也和心靈或宗教的差異性有關，但也會影響到經濟層面。木星和水星一樣是主宰心智活動的行星，前者管轄的是高層的心智次元，或是創意思想的次元，水星管轄的則是具體思維的次元。奧祕教誨裡有一個關於重生的觀點，那就是當一個人的人格死亡的時候，肉身、情感本質、具體或理性的心智能力會消解掉，而高層心智體或是靈視能力則會存留下來，因爲它們是靈魂永恆不滅的本性。從這個觀點來看，木星似乎和人格以及物質世界沒有多大的關係；它是直接和靈魂相連的，而且是透過象徵和洞見在觀察事物，然後逐漸進入到土星的戰場裡。

土星與土星的相位

如果想讓星盤比對裡出現土土合相，那麼兩人就必須誕生在相同的年份，或是年紀相差二十九年半左右。親子的年齡相差二十九歲是常見的現象，因爲許多人在社會壓力下會選擇三十歲以前結婚生子。如果這類相位出現在親子的星盤比對裡，就會出現一些土星造成的特定困難。土星也會帶來成長的機會，但不幸的是，人們很少能善用這些機會，因爲他們在生孩子這件事上面，仍然有許多地方是認識不清的。

在個人星盤裡土星回歸到原來的位置，代表的是成長過程的一個重要的轉捩點。過往此人所建構的內外防禦系統，到了此刻已經遍佈在他生活的每個領域裡——因爲土星已經走完本命盤的十二個宮位——而他也開始有能力整體性地看待自己的防禦系統，洞察到什麼是眞實的，什麼是建構在幻覺上面。如果他的防禦系統建構得很好，而且是朝著內在的品質而非外在的形式去發展，那麼這個階段就會達到成長的頂峰，重新確立內在的生命目的。但如果他認同的是外在的成就和情境，這時就可能被自己潛意識理的某種動力所驅迫，而不得不從別的角度來看他的人生，甚至會遭遇巨大的打擊。那些一閃即逝轉借過來的東西會被消融掉，留下來的只有一些不會再改變的特質。基於這個理由，許多人經歷土星回歸的危機時，會突然在婚姻、事業或生活方式上面做出重大的改變，因爲此人會突然從嶄新卻不太愉悅的角度，去看待老舊的自我結構。

如果一個人在土星回歸的時段裡生下他的孩子，這個孩子就會變成他內在危機的一部分。孩子本命盤裡的土星如果和父母的土星合相，孩子就會不斷地令父母憶起生命中的痛苦和衝突，以及對土星回歸的那個時段的嶄新認識。由於土星象徵著恐懼和自我保護，因此孩子若是在父母的土星回歸時段裡誕生，往往會反映出父母對安全感的需求。如果是這種情況的話，那麼親子就會有相似的恐懼和類似的表達方式；他們也可能用這種方式打擊彼此。

簡而言之，星盤比對裡的土土緊密相位，意味著兩人會激起彼此的不安全感。這一點在緊密的合相上看得更清楚，而合相也經常出現在同年齡的配偶關係盤裡，四分相和對分相則會出現在年齡差距七到十四歲的關係盤裡。後面兩種相位比合相帶來的摩擦更明顯，而且這些相位都不太容易面對，因爲雙方似乎會不經意地刺激到對方的陰影面或自卑的一面。沒有人喜歡從別人身上看見自己笨拙的特質，尤其是花了很大功夫去掩蓋的部分。我們甚至必須挑起對方身上和我們相似的毛病，才能把對自己的憤怒發洩到另一個人身上。土土相位往往是潛意識議題的代罪羔羊。

這類相位可能導致雙方感覺被排斥、阻隔於外或受傷，雖然兩人都不會承認自己有受傷的感覺。由於受影響的是潛意識或陰影面，所以極少能展現出理性的行爲；這類關係會不斷地出現痛苦、憎恨、制約和不被欣賞的感覺，但兩人的關係如果有其他的正向連結，就不可能把這些心中的不滿說出來。如果是別的行星和土星形成相位，土星這一方往往會透過自我認識、耐性以及與伴侶合作，來消解掉兩人之間的不愉快。如果涉及的是土星與土星的相位，那麼雙方都很怕首先採取改善的行動，因爲這類相位會把兩人的自我保護傾向激發出來，令關係進入一種僵局。雙方都會無意識地企圖操縱眼前的情況，譬如不把內心眞正的感覺表達出來，只是一味地澄清自己的想法和憎惡的情緒。其結果是，雙方都會覺得一直遭到誤解或受到虐待。

脫離這種僵局唯一的方式就是去面對眞實的情況，而且得付出努力。就親子關係來說，這點顯然很難做到，因爲孩子年紀還小，但是成年的伴侶應該不難做到這一點，甚至必須做到這一點。土星的能量如果意識不到，很容易製造出許多麻煩，甚至會徹底整垮本來可以朝正向發展的關係。伴侶通常很難以同樣的速度朝同樣的方向成長，也很難在相同的時間達成相同的覺知；如果兩個人是在土星回歸之前冒險結了婚，便可能在事後察覺彼此的發展方向完全不同。他們會發現關係的中斷是必要的，如果發現不到的話，關係也不會得到改善。尤其是星盤比對裡有土土的相位，那麼兩人就必須面對自己的陰影面，試著去整合自己的人格，釐清生命的目標和理想，然後才能分享這些令人困擾但又十分珍貴的心理議題。若想以正向的方式善用土土的相位，首先得彼此卸除武裝。

這類相位會讓土星懼怕面對自己的另一面。由於它太急於將這一面投射出來，所以當然無法看見它。土星在對方身上看到的冷漠和排斥的態度，其實是內在的某種怕受傷害的恐懼或不對勁的感覺的投射。一個人如果不了解自己，怎麼可能了解他的伴侶呢。他只會誤讀對方的信號，然後以冷漠、批判和排斥回應對方。這會不斷地製造惡性循環，讓情況變得越來越困難，而導致情感的危機或分手。這類相位會讓兩人都有壓力感，但這種壓力卻是促進成長最有效的力量。

這會使我們聯想起一則小男孩上學的故事。小孩在上學的路上碰見一個熟識的人，但是他不想率先打招呼，因爲他覺得對方如果喜歡他的話，自然會先和他打招呼。另外那個男孩也有相同的感覺，所以也裝作沒看見對方；結果是，他們都假裝忽略對方的存在，最後則各自下了不喜歡對方的結論，因爲他們都覺得對方是個冷漠高傲的人。不幸的是，大部分的人在情感上仍然是個孩子，所以我們也就沒有必要再繼續探討下去了。這種作風就是在浪費土土相位的潛能，其實它們可以爲兩人指出一條成長的捷徑，令他們覺知到對方的潛意識議題，或是竭力隱藏的一些內在的特質。或許有人會爭辯，維持一點神祕性比較好，最好讓睡著的狗靜靜地躺在原地。此種作法當然比較容易一些，但若是選擇了這種不太痛苦卻缺乏覺知的方式，就要特別留意自己和伴侶的星盤裡是否有土土的緊密相位。

如果是親子之間有土土的相位，則可能出現「代溝」上面的誇張案例。代溝其實比上下代之間的反感要更深一些。在孩子出生後的幾年裡，父母由於是掌權的成年人，所以會控制孩子裡裡外外的一切事物，而這會激起孩子的一種不對勁或害怕的感覺，因爲他會隱約地感覺到父母內心裡深埋的恐懼。任何一個人只要花些時間去研究潛意識的動力法則，就能夠了解內在的這些隱微的惡魔（也可以說是天使）。如果出現了上述的情況，那麼隨著時間雙方的冷漠感勢必會與日俱增，而這很可能是親子都必須付出的代價，因爲他們都非常渴望得到對方的愛、了解和讚賞，卻無法把這種需求說出來。通常徹底的孤立感會持續好長一段時間。如果做父母的能夠吞下自己的尊嚴，承認自己並非永不出錯的權威，而是一個會犯錯的凡人，那麼雙方就能透過這類相位獲得巨大的成長。

當性別相同的朋友之間出現這類相位的話，兩人的關係往往是非常緊密的，因爲男女之間不可避免的張力在這種關係裡不會那麼明顯，而且對彼此最深的恐懼又相當了解。如果涉及到性愛的話——並不是說土星和性有直接的關係，只因爲它會造成孤立的狀態，所以性自然變成一種溝通的橋梁——這類關係就會出現困難，因爲雙方都想扮演阿尼瑪和阿尼瑪斯的角色，而造成一些扭曲的行爲。當推進的行星影響到雙方的土星時，危機便可能出現，而迫使兩人揭露最深的問題，但也可能毀掉這段關係。

人性裡似乎有一種需求，想要某種程度地保有私密性，沒有人喜歡把所有的弱點都攤在衆人面前——不論他得到的理解或同情有多深。土土的相位在這個面向上似乎很難帶來慰藉。土星若想逃避自己的基本特質，發展出更深的美德，就必須在自由和緊縮之間達成平衡，因爲它的成長和演化是透過兩極性的發展而達成的。基於這個理由，太土和木土的相位特別能帶來幫助，因爲太木本質上是喜歡給予的，但是當兩人都不能在相同的領域裡坦然表現自己時，那麼雙方就必須運用意志力來打破僵局。占星學的文獻鮮少談到星盤比對裡的土土相位，但是從心理成長的角度來看，這類相位是非常重要的，因爲它們會製造出土星最明顯和最眞實的特質，而導致雙方避開這一方面的探討。

天王星與土星的相位

和三個外行星相關的意識狀態，與物質世界的關係並不大，它們代表的是土星本身比較沒有經驗的領域。天王星、海王星和冥王星象徵著集體和超個人潛意識的不同面向，而且是無法透過智力來了解的朦朧世界，因此奧祕教誨才會告訴我們說：「土星無法追隨那位已經通過開悟門檻的人」。奧祕教誨認爲土星的作用力就是訓練和制約一個演化中的靈魂，方式是提供成長的機會，藉由一世又一世的轉生來獲得深刻的智慧，然後靈魂才可能通過開悟的門檻得到最終的解脫。土星就像是施工的鷹架一樣，當建築物完工之後，它就沒有用處了。如果我們把土星看成與人格的陰影面有關的作用力，也就是個人的潛意識面向，那麼它涉及的就是顯意識人格的擴張和圓融化，然後才能進入集體潛意識的領域——在精神分析學派裡，此即必要的「個體化」過程。面對集體性的驅力可能相當困難，但至少此人已經獲得個人性的自由——人人都嚮往這種境界，但鮮少有人眞的達成了。

從這個角度來看，土星可以說是我們最眞誠最重要的朋友，如果我們願意根據它的法則來行事的話。它會萬無一失地帶領人朝向自知之明及整合的方向發展，雖然這種境界達成的時候，它的作用力也會被消融掉。土星會僞裝成路西弗，但它眞正的名字是「光的使者」。此外，它也是普羅米修斯的親戚，後者盜取了宙斯的火種提供給凡人，卻因爲這種爲人類做出的犧牲，而遭到永不休止的折磨及懲罰。這則故事隱約地點出了大天使眞正的本質。就像基督教的教義告訴我們的，天使是因爲分別意識的原罪和自大而從天堂墮落了下來。這令我們禁不住地質疑，此種墮落在更深的層次是否象徵著最偉大的犧牲。如同某人曾經說過的，必須有人願意做髒活兒才行！從此種角度來看土星這個最容易帶來厄運的行星，或許我們得重新評估它眞正的意涵。

如果一個人的土星和另一個人的外行星形成相位，那麼土星這方就會運用它的防禦機制，來面對它所認爲的深淵，而這種防禦機制是屬於具體經驗或個人性的次元。土星這方會覺得對方有一股令人敬畏的、甚至帶有威脅性的特質，因爲他辛苦建構的一切似乎會被對方消融掉。天王星、海王星和冥王星在土星身上激起的反應，和個人行星激起的反應有所不同，因爲三王星已經超越了個人性的領域，而且帶有原型或集體能量。它們扮演的角色各有不同，而一般人顯然很難在日常生活裡展現原型能量；如果一個人的土星受到三王星的影響，原型式的反應似乎會被激發出來，因爲它們是土星無法對治的擬人化大能。土星和三王星的能量交換是在潛意識裡發生的，我們都知道潛意識裡隱藏的東西，往往會對關係造成最大的影響。

因此，土星與三王星的相位一向帶有神祕和命定的意味。傳統的星盤比對解析，大部分時候會把這類相位擱置一旁不去討論，因爲它們「移動的速度太慢」，或者對個人沒有影響，也可能被歸類爲「業力」而不去深究。當然，數以百萬計的人都是誕生在冥王星落相同星座或同樣度數的時段裡，就算是逆行也一樣；但如果它們形成的是正相位的話，對個人來說就是強而有力和有意義的。它會提供一個管道，讓集體意識的能量穿透過來影響此人的生命。此外，也可能有數以百萬計的人的月亮，落在和某人的土星相同度數的星座上面，但是他們並不會形成親密關係。我們已經習慣從因果的角度來詮釋星盤比對的相位，因此我們會假設兩人之所以相互吸引，是由於前世有過連結。或許箇中眞正的因素比因果律還要細膩一些，而且兩人一旦被安排好要相遇（幾乎不可能是意外），你就會發現他們的星盤比對裡面，的確有某些相位造成了雙方的相會。

如果我們認爲星盤比對裡的土星和外行星的相位可以被忽略，是因爲它們帶來的意義比較缺乏具體性，那我們就犯了一個錯誤。集體意識和個人意識並不是分開的兩種東西；我們既是個體也是集體的一部分。不過，集體和個人性的表現是矛盾衝突的，因爲集體意識會要求個人臣服於集體的本能反應。雖然如此，三個外行星和集體的本能反應並沒有多大關係，因爲那是月亮管轄的領域。與其說天王星、海王星和冥王星與無目的性的集體反應有關，不如說它們和演化的作用力有關。土星和三個外行星在星盤比對裡如果形成正相位的話，通常會帶來探索和質疑的傾向。這類相位會促進雙方意識上的重要成長。

既然三個外行星似乎和集體原型有關，那麼首先就該探究它們在神話裡的意義。神話是一種代代相傳、被過濾之後的原型象徵，而且只有對集體產生價值的故事才會流傳下來；帶有個人色彩的象徵故事在過程中已經完全消失了。當我們從占星學的角度來看每個行星的意涵時，我們會發現神話學的確能說明這些行星的眞相。

烏拉諾斯（天王星）是衆神之祖，它與自己的母親（蓋婭）成婚，共同主宰著精神和物質世界。祂們代表的是從混沌中出現的陰陽兩極，或是如同迦勒比人所說的：「不可告人的祕密。」我們都知道母子亂倫是非常古老的議題，因爲從無意識的暗處射出的意識之光，代表的就是兒子，而他必須和非理性的陰暗法則整合，才能重新創造出完整性。除了這個意象之外，我們對天王星所知十分有限，我們只知道它是一股不易被察覺的能量，所以它在一七八一年之前都沒有被人發現。

過去當人們描述烏拉諾斯象徵的意識演化時，只提到他被自己的兒子克羅諾斯（土星）親手閹割，而喪失了地位。這暗示著一個驚人的事實，那就是烏拉諾斯象徵著長久以來存在於人類心中的兩股敵對的驅力。如果我們篤定地把閹割這件事，直覺地解釋成對過去歷史的不認同，或是將其看成人類試圖從烏拉諾斯和蓋婭的關係歸納出行星的象徵意義，那就太侮辱天王星的豐富及美妙了。象徵系統最大的問題，就是很難徹底詮釋它眞實的意涵。

從烏拉諾斯的血液裡誕生出了憤怒三女神，她們代表的是正義的化身或是因果定律，也就是我們所稱的「業」。當烏拉諾斯的陰莖被丟到大海之後，海面上出現了象徵著愛與美的女神維納斯，而這又是另一段值得深究的故事。

這便是烏拉諾斯最後的結局，接下來的神話裡他再也沒有出現過。我們不知道他是否因爲閹割的創傷而徹底毀滅，也無從得知他失勢後的去向。許多占星學家在分析個人星盤時，彷彿也對天王星存有同樣的疑惑。神話並沒有賦予烏拉諾斯（天王星）任何性格特質，唯一提到的只有他的生殖能力被克羅諾斯（土星）摧毀，再以維納斯（金星）的面貌重生。在占星學上，我們認爲天王星主宰發明、天才、原創力、個人性以及對自由的渴望。它主要的特色就是突發性，以及透過風象星座激發靈光乍現的直覺式認知。天王星也掌管人的乙太體。乙太體就像是一張能量網，除了是肉體形成的根基之外，同時也在情緒及身體、心智及大腦之間扮演傳遞的角色。乙太體或生命能量已經不再是奧祕難解的概念。科學家曾經在實驗室中讓它具體成形，同時留下了攝影記錄。目前人類已經將乙太體視爲生命的來源之一，對其展開了廣泛的研究。

對大多數的人而言，天王星的能量太過精微而無法被妥善運用，因此它時常被扣上含義不清或邪惡的大帽子。一般人著重的是感覺、身體或具體運思，因此統整內外認知的直覺力反而被弱化了。雖然天王星代表強烈的趨向自由的力量，但同時也代表源自於潛意識的對物質事物的認同。天王星與塔羅牌中的魔法師原型有關，他融合了心智、感覺、肉體及靈魂，而成爲這四個世界的主宰。

當天王星的能量與另一個人本命盤中的土星形成相位時，後果可能極具爆炸性。如果天王星與土星形成緊密的合相，情形就會像一個囚犯看著自由之身的人從牢房前面經過。土星的潛意識反應很少是愉悅的，通常帶有痛苦的嫉妒成份。天王星這方如果不能有覺知地運用自己的能量，便可能中了土星伴侶的奴隸魔咒。他可能一方面表現得獨立自主，但是面對土星伴侶明顯的情緒問題時，又會基於一種冷靜的憐憫而甘願被束縛。烏拉諾斯遭到閹割也象徵著愛的誕生和冷酷無情的正義，因此這類人一旦被激怒，很可能會下決心斷然分手，而他們是很容易被惹惱的。他們這種表現與個人式的激情或火星式的憎恨無關，但卻同樣冷酷和疏離，彷彿在竭力掙脫腳鐐的束縛似的。

這種相位時常出現的衝突，就是「我想要的」和「別人認同的」完全相左。對於土星這方而言，天王星太叛逆和不尊重權威，但又非常羨慕對方能如此我行我素地制訂自己的遊戲規則。當某人的天王星與另一個人的土星形成相位時，即使表現得非常傳統，在土星人的眼中仍然有些叛逆。

土星這方無法理解天王人的直覺，對土星人而言，對方彷彿是從天上或無法觸及的來源獲得了知識。土星這方往往因恐懼而依照社會標準行事，但天王星這方卻有更好的理由；他守規矩完全是出於自己高興，因爲他很淸楚所有的社會結構對個人而言都只是相對性的，絕非全然神聖不可侵犯。他之所以有這樣的認知，是因爲他才是自己唯一的神。土星這方如果試圖控制天王伴侶，結果可能換來混亂及崩解；他畢生滋養的社會化觀點及防禦機制會完全瓦解。他的生活方式可能產生徹底或部分的改變，新的方式通常會更豐富、開闊和寬容，不再受制於過去的意見或自己的恐懼。

天王星帶來了人生重要的功課，也象徵著一種宇宙律法：沒有任何人能束縛另一個人的意志。當兩個人的土星及天王星形成相位時，這個課題會在雙方的關係中不停地出現。天王星代表的是純淨而正向的能量，因爲它象徵的是集體對自由的理想，幾乎不帶有個人色彩。天王星會用突如其來的切斷方式，打破所有的妄念和固著的模式。土星在過程中會覺得這可不是什麼正向作風，而且會覺得自己被無法理解的蠻橫無理所威脅。天王人是自己的主宰，只接受更高層的自我指令，彷彿自己就是生命中唯一的神。天王星這方如果沒有意識到這一點，就會用一種隱微的方式向土星那方展現自我。最能讓他把天王能量顯現出來的，莫過於激怒他。

這兩個行星能夠爲彼此帶來極大的助益。土星這方因恐懼而想控制對方的做法，可以喚醒天王伴侶隱藏的個人性；天王星這方也會在捍衛自我的過程中，讓土星伴侶了解出自於防禦心態的人格制約，絕對無法掌握住心智的創造性發展。

我們時常可以在星盤比對中看到土星及天王星的相位，這代表當兩人的能量產生互動時，極有可能出現意識上的大躍進，其所帶來的滿足遠遠超越個人性的慰藉或快樂。儘管對天王人而言這個過程並不像內行星的土星一樣，擁有一種個人性的情感，但雙方極有可能爲彼此帶來顯著的成長。特別是土星這方如果願意了解天王人清澈明透的洞見，就可以節省許多時間，讓隱藏於深處的東西進入顯意識層面。

在人類發展的過程中，從集體層面轉移到個人層面，然後在保有自我的情況下有覺知地融入於團體，乃是十分重要的轉折。這三個階段都和土星的揭示有關：如何從盲目脆弱的個體，演變成深度自覺控制自如的人。天王星這方可以幫助土星伴侶了解偉大的「他者」不總是正確的，最好是根據內在信念而非外在意見來建立行爲法則。土星這方也可以幫助天王星伴侶認淸在表達意志的過程中，有時必須謹愼善巧一些。

我們如果把這些概念實際應用在兩人的星盤比對上，就會發現土星這方落入的星座及宮位，時常會被天王伴侶引發的能量瓦解或轉化。這類相位會爲彼此落入的宮位代表的生命領域，帶來表層或深入於內在的影響。土星這方往往會在天王星落入或主宰的宮位裡，展現出紀律、制約或責任意識，而彼此的交流通常會表現在膚淺的世俗層次。但內在的影響是更重要的，因此土星這方必須打破防衛機制和潛意識裡的狹隘心態，才能重新打造出更堅固更高層次的內在結構。他們如果能帶著覺知面對這些能量，將會結成一段很棒的關係；但即使是缺乏覺知，雙方也能透過痛苦獲得極大的成長。這兩個行星雖然在集體性的物質層面上是宿敵，卻可以透過它們共同主宰的星座（寶瓶座）所象徵的集體意識，結合成一體。人類集體潛意識的演化是非常緩慢的，但從未中斷過。

海王星與土星的相位

在希臘神話中，當克羅諾斯（土星）失去天空及大地的統治權之後，只好將權力分給自己的三個兒子。波賽頓（海王星）分到的是海域以及地表下的水道，海地斯（冥王星）掌管的是地府，宙斯（木星）則主宰天空。可想而知，分到地表世界的天神就像卡在鐵槌及鐵砧之間一樣，被無意識的壓力不斷地拉扯著。集體潛意識最適合的象徵就是海洋，因爲它不會分化出方向，而是將所有的事物融爲一體。它的這個面向導致習於分化和賦予事物個別意義的理智心，對集體潛意識產生了敵意。

神話中的波賽頓非常不友善，喜歡任意翻覆海面上的船隻，還會掀起地震、洪災及海嘯，讓大地變成一片汪洋。我們從這位反覆無常的天神身上看到了潛藏的恐怖力量，就像被集體潛意識吞噬而感受到恐懼一樣。我們通常稱之爲喪失理智，古人卻認爲這是天神的力量使然；酒神和其他主司繁衍的天神，偶爾也會歷經不理性的狀態。在占星學上我們賦予了海王星較爲溫和的詮釋，認爲它是金星的「高八度」表現，代表超越個人層次的宇宙之愛和慈悲。它也跟結合的渴望有關，這裡講的是一種更高層次的結合，不是聖婚而是被淹沒了；換言之，就是瓦解了個人的身分認同。我們如果不能用純淨的方式表現海王星的能量，它最後一定會證明自己才是終極的轉化管道，讓我們體驗到何謂眞正的一體性。但令人遺憾的是，很少有人能帶著覺知表現海王星的渴望，因爲它代表的是集體潛意識。人們只能藉由它的陰影面或是顯意識的片段展現，一窺它的眞面目。海王星代表的是入迷出神的原型，只能透過歲月的流逝來逐漸揭露其奧妙之處，但是無法處理自我陰影問題（土星）的人，卻會在這個過程中對自己的使命或救世的目標喪失希望，變得一蹶不振。

海王星雖然不是完全無害，但其影響力在本質上並不是惡性的。只有誤解它的能量時才會構成危險；然而很不幸的是，大多數人並不是很了解它，因爲自從基督教以它的狂熱道德主義和血腥的殉道精神興起之後，獻身於宗教這條道路就成了令人費解的謎。但這些東西都不是海王星的本質，比較是火星的天性。我們總是把兩者混爲一談，因此只有清楚而正向的水星式分析才能幫助我們，而這也是海王人總想逃避的東西之一。

海王星除了淹沒一切事物之外，達成其目標的第二種方式就是造成無能。這類人會藉由自己的被動性，來引領自己進入一個無法運用理性或熱情的狀態，因爲他會吸引來一些情況，讓他變成一個臣服於更智慧的力量的工具。這股力量往往會僞裝成平凡無奇或不怎麼聰明的父母、愛人、朋友或商業夥伴；對這類人來說，經驗或默從才是重要的，手段反而次之。

海王星像天王星一樣，也會讓土星覺得勢不可擋，因爲它的能量來自於土星無法理解的次元。因此當兩人的星盤比對出現海王星及土星的相位時，通常是土星那方會受到最大的影響。海王星這方則會以無限的耐心及溫柔來接受土星伴侶的束縛，但是土星這方卻會因爲海王伴侶「一視同仁的憐憫和包容性」而感到不悅，於是往往會試圖讓對方的憐憫及溫柔變成自己所獨享的。我們也可以從土星及天王星的相位看到類似的機制作用。即使海王星這方並非有意識地展現這些能量——少數人會透過音樂或演戲等創造性的管道來展現它——土星那方還是會感受到他們靈活而奇妙的特質。這種特質既令人著迷，又會給人一種威脅感，因爲海王人雖然會說：我完全了解你、愛你，而且接受你，但是他也會對每一個人說同樣的話。干擾土星這方的，就是這種看似不忠實和容易令人誤解的表現；事實上這並不是一種欺騙。由於土星不熟悉消彌疆界的狀態，所以誤讀了海王人，而覺得自己遭到了背叛。

星盤比對中的海王星相位會讓關係蒙上一層逃避、欺騙或背叛的色彩，而且往往是由海王星這方助長了伴侶被背叛的感覺，因爲它會像演員一樣根據對方的態度做出反應。海王人無法對別人說不，因爲他永遠在追尋一個十字架，然後把自己釘在上面：因爲他一直在尋找一個可以讓自己犧牲的十字架，在付出自己的那一刻，他所有的感情能量似乎全都集中在伴侶身上；但是他對其他人的情感也同樣眞誠，你可以想像一下被海王人的魔力籠罩會是什麼情況。只有那些曾經與海王人接觸過的人，才能了解對他們而言，被指控爲背叛者是多麼痛苦和顯然不公平的事，因爲他們最不想做的事就是背叛別人。他們永遠無法了解自己總是溫柔又和善，爲何會惹出這麼多麻煩。這是一個經常會見到的老戲碼。而土星那方往往是比較容易受傷的，因爲他十分脆弱，又沒有能力和別人分享自己所珍惜的東西。

這些微妙的心理轉折經常會導致不愉快的幻滅，而這正是海王星的特質之一。對土星這一方來說，此種經驗尤其痛苦，因爲土星是一個固執又缺乏彈性的行星，而這也是它對大多數人造成的影響。這種固執又缺乏彈性的態度，往往會讓他們壓抑某些態度和感覺，於是就形成了陰影問題。土星會讓一個缺乏覺知的人，朝著自我保護去發展，而他在海王伴侶身上看到的不可靠特質，會反應出他的努力仍然會遭到幻滅，而且是徒勞無益的。這是一種很不愉快的感覺，所以他會試圖佔有海王人，而這就像用手去抓住海水一樣。

海王星會讓一個尚未與土星和解的人深受傷害，因爲這樣的人對自己的陰影面是極爲脆弱敏感的。雖然海王人經常被視爲無道德或放蕩不拘，但他的智慧是出自於無意識的層次，而且不會建立道德上的價值，在他的眼中，所有合乎理性的價值觀都是相對而非絕對的。對這類人而言，所有的事物都有自己的位置。但是對土星這方來說，這根本就是毀掉了所有努力建立的自我準則。他們不敢放下非黑即白的評斷標準，害怕新的價值結構會更脆弱，最後會全盤瓦解。他們在這一點上面是對的，因爲所有的結構在海王星的影響之下必然會瓦解。海王這方能夠認淸所有事物的本質，知道一切選擇到最後都是無意義的；最終土星這方還是得重新建立自己的結構，將新的元素——慈悲——包容進來。海王星這方最後也會明白，不願傷害人的念頭往往會帶來最深的傷害，而無能爲力也可能是最殘忍的武器，有時還不如在一開始就拒絕，主動地劃下一道尙未被感染的傷口。

兩個人的海王星與土星形成相位時，很容易出現上述的相處模式，即使海王星這方沒有太多捉摸不定的表現。土星這方可能會感受到一些潛意識層面的東西，然後做出回應，雖然經常不知道其來何自。這是一種非常重要而又細膩的行星組合。如果說天王星和土星的相位表要達的是人不能操縱他人的意志，那麼海王星與土星的相位要傳達的就是人無法掌控別人的感覺。這是很難學會的功課，但兩人如果仍然能維繫住關係，用一種建設性的方式來處理這類相位，最後還是可以憑著意志力找到解決之道。

冥王星與土星的相位

冥王星最多會在一個星座停留三十年，所以被認爲對個人不具太大的意義；但是思考一下自己與某些集體心理能量的連結，就會發現冥王星對個人的影響甚鉅，因爲每個人都會讓自己的行爲符合集體能量的表現。冥王星就像其他高八度的外行星一樣，只有具備某些接收管道的人才能意識到它的存在；否則它在個人的星盤中通常會消聲匿跡，只會在潛意識層面發揮作用。它會爲兩人的關係帶來極大的能量，但其影響可能無法被覺知到。

海地斯（冥王星）在神話裡是主宰地府的天神，負責守護亡靈。基於這則古老的神話，冥王星在占星學中也多半被附加了惡魔的色彩。但海地斯（Hades）與基督教的地獄概念其實毫無相似之處。雖然象徵海地斯陰影面的塔爾塔羅斯地獄與懲罰有關，但是它的懲罰只針對冒犯天神的人而非作惡之人，而且只有被冒犯的天神可以宣判處決。我們如果用心理學術語來闡述這個觀點，就會發現人類最大的罪惡並不是違反了道德或倫理的準則，而是違背了潛意識的指引，因爲這些東西比我們的顯意識人格更古老更有智慧。我們經常會抗拒自己的直覺、想像力以及本能反應。如果進一步地用占星學的角度來詮釋，就會發現所謂的「聖火的審判」，通常與冥王星的推進及移位有關，而這意味著人如果認定自己就是決定如何生活的最終權威，並且與內心深處想要了結一切的那股驅力作對，就不可能朝著新方向去發展。

克羅諾斯（土星）被宙斯（木星）推翻之後，囚禁在塔爾塔羅斯地獄的最深處。但是地獄的一旁還有個「賜福小島」（Blessed Isles），裡面的偉大英雄們掌管著寧靜和永恆之美。地獄有兩條河流，一條是冥川，代表生者與亡者的邊界；另一條是忘川，當人類的靈魂重返塵間之前，必須在此接受洗滌，忘卻過去所有的記憶。當海地斯（冥王星）罕見地到地面探訪時，通常會戴上一頂隱形頭盔，因此沒有任何人能看見祂。現在只有少數的人能看見祂。靈魂一旦接受海地斯的管訓，就沒有任何天上或地上的神祇能夠釋放它了，除非得到海地斯的同意。這意味著冥王的國度裡藏有巨大的財富，但除非獲得祂的允許，否則沒有人能動用這些東西。

有許多證據足以證實冥王星與永恆的原型有關，但這並不是一種靜止狀態，而是一種死亡重生、不斷成長及演化的過程。倘若果眞如此，那麼每個人的靈魂都具備了這種原型，因爲這是人類集體遺產的一部分。每個人都會透過一連串的開始和結束來追求成長，結果似乎會達成一種圓滿性；不過這是相對的，因爲它暗示著一種整合的過程，其中會有許多高層意識融入不斷成長的整體中。當我們在詮釋星盤比對時，這種抽象概念看似沒有實際的價值，其實是非常有用的，因爲我們可以藉此來了解每個人內心裡的驅力（無論是意識得到或意識不到），然後就能多少明白行爲背後的原因。現代深度心理學應該探討的課題，就是更深入地了解人類「對圓滿性的渴望」，這種最徹底的渴望足以讓人不惜犧牲生命來達成它。

冥王星帶來了死亡經驗——死亡是一種相對性的概念，因爲死去的只是個體的外在形式，深層的生命卻因而獲得了解放，以另一種更佳的形式呈現出來。既然如此，冥王星也就代表了形式的創造，而這又和性行爲有關。當土星落入天蠍座或八宮，或是本命盤的冥王星有相位時，代表的就是性與死亡的關聯。這種關聯性在星盤比對裡同樣存在著，它的原型能量也會消滅個人性的感受，讓脆弱的土星那一方接收到這股能量的影響力。

土星與冥王星的相位並不像表面看來的這麼負面，因爲它們的本質都是自保，因此有些共通的特質，包括嚴厲、自我控制和熱愛權力。土星必須控制外在世界，因爲它覺得自己受到外力的威脅；冥王星則必須控制內在世界，這樣才能達成摧毀重建的使命。對土星這方的人而言，冥王星伴侶的永恆特質是非常恐怖的；它彷彿有能耐經歷任何事情，包括徹底毀滅自己的世界，而仍然留下了一些永恆不變的東西，並且會變得更強壯。冥王星有能力安度慾望層面的情感危機，而人最容易感受到慾望的死亡和再生。大多數的人都偏重情感，這是因爲對他們而言慾望勝過了一切，因此冥王星對慾望產生的淨化作用也會特別明顯。當人們的慾望受挫時，或是產生一些無法表達、超出負荷的心理能量時，這些能量就必須藉由其他的管道抒發出來，否則極可能會反彈回來，將某些導致慾望受挫的人格特質徹底毀滅。當冥王星移位或推進時，累積的能量隨時有可能爆發出來；對那些冥王星能量特別顯著，或是對天蠍座有強烈反應的人來說，可能會用更加隱微的方式將這股能量表現出來。這個過程往往會讓人覺得殘酷，但是就像自然現象不帶個人色彩的毀滅性一樣，並不存在著任何預謀的惡意。這意味著土星那方會從冥王伴侶身上感受到永生不滅、隨時會爆發的能量，以及毫不掩飾的無情。土星那方如果不能帶著覺知去理解這股作用力，往往會立即與對方產生權力上的衝突。

這類相位為關係帶來的效應是相當戲劇化的，雖然反應是在內心裡發生，而且不太能覺知得到。兩人之間通常會出現意志的戰爭，往往是土星這方先開戰，試圖主宰大局，確保一切都在自己的掌握中。冥王星這方則會用海地斯的傳統策略來應戰：他有條件按兵不動地靜靜等待，因為他的話語是帶有決定性的，而且最後他總是贏家。聽起來這樣的情感互動似乎很誇張，但是在親密關係中的雙方很少能看清楚這種角力的過程。別忘了，冥王星這方帶有集體潛意識的能量，再加上他與生俱來的原型特質，因此經常會在攻擊對方的過程中挑起上述的情緒。即使冥王星這方並未意識到自己的強烈意志，土星伴侶仍然會啓動他的這種特質。他們之間的角力可能是為了小事，甚至小到愚蠢的程度；這就像大戰之前的小規模交火，雙方都覺得非贏不可，因為這將決定往後誰才是關係中的老大。不難看出這樣的關係有多麼戲劇化了。

土星這方時常會在雙方的衝突中毀掉某些東西。他可能會覺得必須重新評估自己的防禦能力，因為面對冥王星能量時完全使不上力，就像在對抗天王星及海王星時的感受一樣。冥王星這方時常會替土星伴侶結束人生的某個階段，然後開啓另一個新的階段，不過這還得看涉及的宮位是什麼。就冥王星這方來說，這個過程只是另一種體驗罷了，而他總是期待著衝突的出現。

在星盤比對中土星這方對三個外行星造成的最大影響，就在於土星代表的是人格的前哨或外殼，它總是把焦點放在穩固自己的城牆，不讓任何人進入。除非一個人能夠處理並整合自己的陰影面，否則很難體驗到與他人之間的連結，因爲自他之間一直存在著陰影層的阻礙。他會一再地確立自己的特質是與衆不同的，並且會確保自己比別人更好、更有智慧、更理性、更站得住腳，方式是把所有內在的或不成熟的特質巧妙地隱藏在陰影層裡面，不讓別人瞧見。所以在他的眼中別人會變得越來越黯淡，自己卻散發出更耀眼的光芒。對這類人而言，外行星的能量就像是高山上令人狂喜的清新空氣，可是他卻有點懼高。這些能量會威脅到他的幻覺，因爲其中包含了平凡的現實和集體性的經驗，裡面沒有任何的差異性、界線或評斷的立足點。當關係中出現土星與天王星、冥王星或海王星的相位時，外行星這方象徵的通常是集體力量，這對土星而言完全是無意識的東西，這些東西既危險又令人著迷。

任何與土星形成的相位都會帶來投射作用，而這往往是關係的問題來源。一個人如果能認識自己、拋開投射心態，就能看清楚伴侶的眞面目，而不再覺得受到威脅。如果相位中包含了外行星，投射作用就會變得更難處理，因爲它所有的影響力都很難被意識到。我們鮮少見到其中一方能夠帶著覺知去紓解天王星、海王星或冥王星的能量，或者另一方能整合土星的能量；因爲後者一定會排斥前者。達到這種境界的過程是充滿危機的，因爲認同集體的能量，意味著專屬於自己的東西其實是屬於所有人的，而這種想法又經常被視爲誇張和瘋狂。人類本能上會聰明地避免把玩天王星、海王星及冥王星的能量，因爲當它們被激怒時，可是非常嚴厲又無情的。難怪古人會將其視爲隱匿的能量——遠在天邊、藏在海底、埋在地下。

結語

心理學是一門新興的科學，我們可以透過它來洞悉人類捉摸不定的天性，揭開人類苦難的神秘面紗。在揭露的過程中它的確能發揮作用，幫助一個人追尋更深遠的生命意義，讓飽受心病折磨的人減輕痛苦。心理學也許是不太甘願地沿著「靈魂研究」的路線，開啓了另一個方向的發展。心理學是根據經驗來研究結果，神祕學則是憑直覺來研究個案，這兩者之間的差距已經愈來愈小。這兩個世界開始重疊交會，儘管雙方仍然堅持自己的術語。心理學家榮格可以說是開路先驅，爲這兩個世界的鴻溝搭起了一座橋梁，但仍然有一些堅守立場的人不願意跨過這座橋，進入對方的世界。

新一派的心理學加入了佛洛伊德及阿德勒的分析方法，比較不受限於此種現象。直接探討諸如高峰經驗、靈視和另類意識狀態等現象，只是一個開端罷了；簡而言之，心理學已經進入神祕學和靈修的領域了。頑固地堅持自己的術語或許是一種智慧的做法，這樣才不會沾染到降靈會的氣息。所以我們才閉口不提靈魂，只談論自我或整體精神。這其實是很有智慧的做法，因爲文字帶有一種情感價值，而我們承受不起把老舊的情感價值帶入全新的研究領域所造成的後果。我們也許可以在新一派的心理學中爲占星學開啓更寬闊的研究方法。現今每個領域的知識都在快速進步中，占星學必須像其他科學一樣跟上腳步。現代占星學已經證明了技術方面的實力，發展出泛音盤或中點等分析方法，但是對人性的探討卻仍然遙遙落後。我們還是甩不掉沉重的舊包袱，仍然受限於邪惡的行星、受剋的相位、性格的好壞之類的觀點，以及膚淺的行爲診斷，而無法展現出對動機的了解。此時唯有最新出現的心理學，能夠幫助占星學這門最古老的科學改頭換面。

我認爲如果少了心理學的一些基本法則，是無法深入地認識一張本命盤的。對人類心理最基本又簡單的區分方式，就是將其劃分成顯意識及潛意識，這可以爲本命盤帶來全新的詮釋觀點，提供細微的差異性及線索；如果不透過心理學的角度來分析，這些細節一定會被完全忽略的。即使針對行星的相位及位置進行再多的技術分析，還是無法解釋人的起心動念。心理學把人性捉摸不定又神祕的部分稱爲「自我」，也就是一個人透過自己的眼睛所看到的事物或生命，而這也就是他所自稱的「我」。這些都是占星符號無法解釋的東西。占星學的確能藉由星座來詮釋人的行爲及性格，但這種詮釋仍然是站在人性的框架外，以一種疏離、客觀和超脫的態度，將其應用在人生中的每個時刻。由此看來，我們的確需要一種創新又更具意義的表達方式，來解讀人格及本命盤。

我也認爲必須透過更多的分析角度來解讀土星，因爲土星帶有轉化的潛能，是自我啓蒙的關鍵。在奧祕教誨裡，土星這個行星代表的是學徒，而學徒指的就是一個正在學習的人。它並不是邪惡之人，也不會帶來負向的影響，而且只會傷害到那些無法了解痛苦帶來的教育價值的人。你不需要在它的道途中成爲烈士或紀律嚴明的人，因爲其中仍然包含著快樂的種子。它有古老又完美無瑕的傳承，而且一向和神祕的世界、宗教、民間傳說以及童話故事有各式各樣的關聯，它所要傳達的理念，就是與其逃避惡魔，不如上前去親吻它的雙唇，讓它搖身一變成爲耀眼的太陽。

我個人對土星的感覺、直覺、體驗或認知，到目前還無法眞的將它說清楚，即使我以更多的細節來分析它，或是以各種不同的方式來建構它，我的詮釋仍然不會是完全貼切的，因爲土星是一個象徵符號，而所謂的符號是無法用文字說清楚的，必須透過直覺來認識它。無論如何，藉由這樣的嘗試我們至少發現土星是很遙遠的，遠比它表面上看來更遙不可及。如果我們能帶著更多的認識去面對它落入的星座、宮位及相位，就會發現它既是我們最好的朋友，同時也是力量的源頭和光的使者。

最後還有一個非常實際的問題；一個人如果願意認眞面對自我成長這件事，接受生命的挑戰，那麼到底該如何去做呢？早期的心理學認爲只有病人潛意識裡徘徊不去問題，才是需要被關切的，當時的心理學家把潛意識當成了傾倒穢物的垃圾桶。以前只有那些受苦的人才被認爲有權利接受治療，而尋求心理學的幫助意味著已經承認自己是半瘋之人。現在人們對潛意識有了更深刻的了解，知道它不僅是個垃圾桶，而且是充滿著各種神性特質的生命力及創造力源頭。我們也發現所謂的生病或正常只不過是一種相對性的說法罷了。我們甚至可以說，用理智和正常的方式來順應病態的社會，乃是一種精神疾病的徵兆。世界上有各式各樣的煩惱，但並非所有的煩惱都會以疾病的方式顯現出來。有一種煩惱是靈魂覺得生命毫無意義，這種問題比感冒更盛行，也更難以治癒。只有那些洞見過實相、活著是為了創造出傑作，而且窺見過第七層天堂及地獄景色的人，才能脫離人生毫無意義的感覺。這些人無法對我們其他人有所貢獻，因為他們已經完全擺脫了理智。我們則是非常努力地維持理智，適應社會，甚至為此破壞了生命力的根源，讓創造生命的甘泉枯竭，最後只剩下粉末狀的的外殼。

令人慶幸的是當今世界又掀起了另一波潮流，人們開始把自我成長視為發展最高和最佳自我的一種方式，而不是向失敗投降。現在有許多追求自我成長的團體、學校、工作坊及課程，透過各式各樣的技巧，如冥想、瑜伽和創造性的想像，來表現人類對高層意識的深切渴望。現在人們可以藉由成為這些團體的一份子來發展自我，而又不會犧牲掉個人的私生活，或許這也代表隨著占星學進入新時代的一種寶瓶式理念。但這並不意謂自我成長會變得比較容易，而是我們開始在集體意識中尋找個人意義。人類的集體意識總是在不停地變化，不斷地衍生出新的符號、價值觀、結構以及詮釋神的新方法，而這種改變也是轉化中的占星學的特色之一。我們需要一點時間才能讓這些湧現出來的東西穩定下來，但是寬闊的雛型已經露出來了。心理學及占星學蘊含了有力而重要的工具，足以幫助人們認識自己，獲得成長。這個過程中還興起了針對人體精微結構的研究，以及另類療法的發展。人們現在比較有空間去探索並發展自我，關注內在的生命活動，而不再被外界貼上瘋狂、精神官能症或嬉皮的標籤。如果一個人決定要展開向內「探索」之旅，最好從土星象徵的心理層面著手，也就是自我的陰影面。世界各地如雨後春筍般出現的團體、學校及工作坊，也都不會再讓他說出「但是我不知道該往哪兒去」之類的話。

最後我想引用心理學家榮格在《未發現的自我》中的一段話：

「我不會被過度的樂觀主義激起熱情，也無法愛上崇高的理想；我只關切人類個體的命運。世界是由無數的渺小個體所組成的，而我們可以在每個人身上讀到基督要傳達的意義：即使是神也在追尋自己的目標。」

延伸閱讀

《冥王星：靈魂的演化之旅》（2011），傑夫・格林（Jeff Green），積木。

《占星十二宮位研究》（2010），霍華・薩司波塔斯，積木。

《占星相位研究》（2010），蘇・湯普金，積木。

《人際合盤占星全書》（2009），魯道夫& Jupiter，春光。

《當代占星研究》（2009），蘇・湯普金，積木。

《占星、心理學與四元素：占星諮商的能量途徑》，（2008）史蒂芬・阿若優，心靈工坊。

《心理占星學全書》（2008），魯道夫，Claire，春光。

《占星流年》（2007），魯道夫，春光。

《占星全書》（2007），魯道夫，春光。

《神聖占星學：強化能量的鍊金術》（2006），道維・史卓思納，生命潛能。

《靈魂占星筆記》（2005），瑪格麗特・庫曼，生命潛能。

《占星・業力與轉化：從星盤看你今生的成長功課》（2007），史蒂芬・阿若優，心靈工坊。
《榮格與占星學》（2001），瑪姬・海德（Maggie Hyde），立緒。
《靈魂占星：看南北交點如何影響你的人生》（1999），Jan Spiller，方智。
《靈魂的符號——從占星學發現你的宿業》（2005），吉娜・蕾克，麥田。
《生命歷程全占星》（1999），韓良露，方智。
《寶瓶世紀全占星》（1999），韓良露，方智。
《人際緣份全占星》（1998），韓良露，方智。
《愛情全占星》（1998），韓良露，方智。
《占星學》（1996），Geoffrey Cornelius，Maggie Hyde，立緒。
《占星玩家手冊》（1995），Frances Sakoian, Louis S. Acker，方智。

越旅行越裡面
【結構一條人尋找自己的創意途徑】
作者—陳文玲　定價—350元

本書是作者六年來追尋創造力的紀事，不只有國內外創意名家的見解，也提出作者自身的質疑和反思；不只是創意教學的建議，更現身說法自我開發創意的訓練途徑。

找阿寶，玩創意
集體創作—陳文玲、〈找阿寶〉團隊
定價—680元

最初，阿寶只是一個大學老師的中年花蓮夢。後來，一群人畫圖寫詩跳舞演戲，創造了〈找阿寶〉工作坊，用夢來玩創意。內附60張阿寶創意卡，和一套往自己裡面開發無限可能的方法。

走進泥巴國
作者—張娟芬　定價—340元

長期關注台灣社會，致力於女性、同志、原住民等弱勢族群議題的張娟芬，以本書開拓她的寫作生涯，遠赴佛教小國尼泊爾，融入當地生活，從旅途見聞及自然書寫中描繪尼國的政經變化、庶民生活及人文概況。

尼泊爾，花花巴士
圖．文—陳斐翡
攝影—尹珪烈　定價—260元

背包客陳斐翡再度上路，她還要帶回許多可愛的塗鴉插畫，和悠遊緩慢的旅途記事。書上除了必備的旅行資訊，還收錄了作者的韓國籍先生尹珪烈的攝影作品，帶你的心飛向尼泊爾！

不旅不行，拉達克
圖、文—陳斐翡　攝影—尹珪烈
定價—320元

繼《尼泊爾，花花巴士》後，作者延續女性觀看世界與自我追尋的主題，以清新自覺的文字、細膩的手繪圖及敏銳影像，將拉達克的生活場景漸次開展。

管他的博士學位，跳舞吧
作者—蔡適任　定價—250元

人類學博士蔡適任為尋找生命出口，一頭栽進千姿百媚的東方舞（俗稱肚皮舞）世界。這場身體探險，喚醒她沉睡已久的肢體，層層打開潛藏的情感，尋得身心眞正的平衡與自由。

愛的開顯就是恩典，
心的照顧就是成長；
親子攜手，同向生命的高處仰望，
愛必泉湧，心必富饒。

GrowUp

哈利波特與神隱少女
【進入孩子的內心世界】
作者—山中康裕
譯者—王眞瑤　定價—260元

作者長年鑽研榮格心理學，也是長期關心孩童的臨床醫師。他以「哈利波特」與「神隱少女」兩部電影為題材，討論故事中的人物及情節，帶領我們深入探討現代孩子的內心。

我是EQ高手（書+光碟）
【加強孩子的情緒管理】
作者—楊俐容　定價—500元

本書目標在於加強孩子的情緒管理能力，以「感覺情緒知多少」、「情緒三部曲」、「公說公有理，婆說婆有理」及「做個EQ高手」四個單元，介紹EQ的基礎概念和實用秘訣。

我眞的很不錯（書+光碟）
【提升孩子的自我概念】
作者—呂俐安、黃瑞瑛、張黛眉、楊雅明
楊俐容
定價—500元

本書內容分為「魔鏡魔鏡我問你」、「我的情緒面面觀」、「人在江湖」及「我的未來不是夢」四個單元，介紹自我的概念。

我好，你也好（書+光碟）
【增進孩子的溝通技巧】
作者—楊俐容　定價—500元

《我好，你也好》的目標在於加強孩子的溝通技巧，分別以「本尊與分身」、「我的分身面面觀」、「一樣米養百樣人」、「做個小太陽」四個單元，介紹溝通技巧的基礎概念和實用秘訣。

我是解題高手（書+光碟）
【激發孩子解決問題的能力】
作者—呂俐安、張黛眉、黃瑞瑛、楊雅明
楊俐容
定價—500元

本書著眼於「問題解決」，架構父母協助孩子以及教師協助學生健康成長的基礎，讓孩子們在活潑生動的遊戲中學習，並建立「如實的自信心」。

給媽媽的貼心書
【孩子、家庭和外面的世界】
作者—唐諾．溫尼考特　審閱—王浩威
譯者—朱恩伶　定價—360元

本書是兒童精神分析大師溫尼考特醫師在英國國家廣播公司的系列講座，1964年出版至今仍為父母必備的育兒指南。

心靈工坊 PsyGarden

直探宇宙隱藏的跳動
承受如夢召喚的牽引
走過遠方驚喜的記憶
迎向生命更深的信息

Living

美好五分鐘
【平靜專注的一百則練習】

作者—傑弗瑞・布蘭特力、溫蒂・米爾斯坦
譯者—許桂綿　定價—250元

結束忙碌的一天後，你是否只能倒?在床，心裡卻有一股說不出的不滿足？你是否常常覺得負荷過重、壓力過大？杜克大學整合醫學中心「正念減壓計畫」的總指導布蘭特力博士，提供了非常簡單又特別的方法，來幫助人們達成有效而恆久的改變。每個早晨花五分鐘，選一則練習來做，就能爲平靜、滿足的一天定調。

植物的療癒力量
【園藝治療實作指南】

作者—米契爾・修森
譯者—許琳英、譚家瑜　定價—280元

加拿大首席園藝治療師，以自身35年實務經歷，幫助讀者理解什麼是園藝治療、如何開始自己的園藝治療和完成計畫。對初入門的園藝治療者而言，這是一本能給予新手信心的入門手冊，而書中的諸多創見，也能讓資深實務工作者獲益良多。

山的禮物
【複雜人生的簡單智慧】

作者—艾蓮・麥達
繪者—羅德利克・馬肯維
譯者—黃玉華　定價—250元

作者從一趟難以預料的艱苦背包客之旅，在體驗中發現生命的實像。山，成爲面對人生繁複實像的隱喻。

在廟口說書

作者—王浩一　定價—380元

台南通王浩一再度登場！這回他化身說書人兼導遊，藉著圖文並陳來向讀者細細講解四十處古蹟的身世，幫助讀者重新發現掩藏在古老牆垣屋簷下的點點滴滴，以及台南何以爲府城的歲月風華。

慢食府城
【台南小吃的古早味全紀錄】

作者—王浩一　定價—350元

10個節令的典故與應景食品！114家超美味的實力店家！50種小吃的精彩有趣故事！手繪台南舊城古蹟與小吃地圖！本書絕對是帶你慢食府城，深入品味古都文化的絕佳導引！

走進園藝治療的世界

作者—黃盛璘　定價—300元

盛璘說這本書是一趟中年歐巴桑的學習之旅，但我們卻還看到她對自我的誠實、對大自然的熱愛、對新鮮事的好奇、對弱勢的關心、對環保的認同、對植物和各種藥草的親近親愛……

青松ê種田筆記
【穀東俱樂部】

作者—賴青松　定價—350元

本書是賴青松移居宜蘭四年的田間筆記。白天，他荷鋤下田，與泥巴稻秧爲伍；晚上他提筆爲文，將歸農心情一一記錄。透過簡樸、勞動、回歸大地的生活，青松說：「我只想好好做田，種出值得等待的幸福滋味！」

愈少愈自由

作者—區紀復　定價—280元

1983年，區紀復辭去高薪工作，也辭退繁華世界的虛無，在花蓮建立心中的「鹽寮淨土」：蓋木屋，拾柴燒飯，挑水取用，提倡簡樸生活。二十多年來，區紀復影響許多人，紛紛在城市中展開他們的簡約生活。

Holistic 061

土星：從新觀點看老惡魔

Saturn: A New Look at an Old Devil

作者：麗茲・格林（Liz Greene）
譯者：胡因夢

出版者—心靈工坊文化事業股份有限公司
發行人—王浩威　諮詢顧問召集人—余德慧
總編輯—王桂花　特約編輯—崔西亞　排版—龍虎電腦排版（股）公司
通訊地址—106 台北市信義路四段 53 巷 8 號 2 樓
郵政劃撥—19546215　戶名—心靈工坊文化事業股份有限公司
電話—02) 2702-9186　傳真—02) 2702-9286
E-mail—service@psygarden.com.tw　網址—www.psygarden.com.tw

製版・印刷—彩峰造藝印像股份有限公司
總經銷—大和書報圖書股份有限公司
電話—02) 8990-2588　傳真—02) 2290-1658
通訊地址—242 新北市新莊區五工五路 2 號（五股工業區）
初版一刷—2011 年 7 月　ISBN—978-986-6112-11-9　定價—340 元

國家圖書館出版品預行編目資料

土星：從新觀點看老惡魔／麗茲・格林（Liz Greene）著；
胡因夢譯 -- 初版. --台北市：心靈工坊文化，2011.07
面；公分.--（Holistic 061）
譯自：Saturn: a new look at an old dDevil

ISBN: 978-986-6112-11-9（平裝）
1.占星術
292.22　　100010144

心靈工坊 PsyGarden 書香家族 讀友卡

感謝您購買心靈工坊的叢書，爲了加強對您的服務，請您詳填本卡，
直接投入郵筒（免貼郵票）或傳眞，我們會珍視您的意見，
並提供您最新的活動訊息，共同以書會友，追求身心靈的創意與成長。

書系編號—HO061　　書名—土星：從新觀點看老惡魔

姓名　　是否已加入書香家族？ □是 □現在加入

電話 (O)　　(H)　　手機

E-mail　　生日　　年　　月　　日

地址 □□□

服務機構　　職稱

您的性別—□1.女 □2.男 □3.其他

婚姻狀況—□1.未婚 □2.已婚 □3.離婚 □4.不婚 □5.同志 □6.喪偶 □7.分居

請問您如何得知這本書？

□1.書店 □2.報章雜誌 □3.廣播電視 □4.親友推介 □5.心靈工坊書訊
□6.廣告DM □7.心靈工坊網站 □8.其他網路媒體 □9.其他

您購買本書的方式？

□1.書店 □2.劃撥郵購 □3.團體訂購 □4.網路訂購 □5.其他

您對本書的意見？

□ 封面設計　1.須再改進 2.尚可 3.滿意 4.非常滿意
□ 版面編排　1.須再改進 2.尚可 3.滿意 4.非常滿意
□ 內容　1.須再改進 2.尚可 3.滿意 4.非常滿意
□ 文筆／翻譯　1.須再改進 2.尚可 3.滿意 4.非常滿意
□ 價格　1.須再改進 2.尚可 3.滿意 4.非常滿意

您對我們有何建議？

▲您的意見，我們將轉貼在心靈工坊網站上，www.psygarden.com.tw

廣　告　回　信
台北郵政登記證
台北廣字第1143號
免　貼　郵　票

心靈工坊 PsyGarden

10684台北市信義路四段53巷8號2樓
讀者服務組　收

免　貼　郵　票

（對折線）

加入心靈工坊書香家族會員
共享知識的盛宴，成長的喜悅

請寄回這張回函卡（免貼郵票），
您就成爲心靈工坊的書香家族會員，您將可以——

⊙隨時收到新書出版和活動訊息

⊙獲得各項回饋和優惠方案

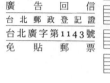